ADAC Reiseführer

Kanada

der Osten

von An

Intro

Unterwegs

Kanada Kaleidoskop

Karten und Pläne

Service

Kanada Impressionen

Naturerlebnis und Freiheit ohne Grenzen

Die meisten ausländischen Besucher verbinden mit Kanada die Vorstellung von **endloser Weite**, eingebettet in eine **grandiose Landschaft**, die noch weitgehend unberührt und intakt ist. Diese Erwartungshaltung lässt sich natürlich trefflich durch Zahlen belegen: Rund 31 Mio. Menschen – ein Drittel der deutschen Bevölkerung – verlieren sich auf 9,97 Mio. km^2, der 30-fachen Fläche Deutschlands. Mit anderen Worten: Das nach Russland zweitgrößte Land der Erde ist praktisch unbewohnt.

Mit diesen faszinierenden Bildern im Kopf reisen denn auch die meisten Urlauber an – und landen erst einmal in Toronto. 3,8 Mio. Einwohner, verstopfte Highways, lärmender Straßenverkehr, kurzum: Hektik, die man von zu Hause kennt und der man eigentlich entfliehen wollte. Aber auch das ist Kanada: **Metropolen** von Weltrang wie *Toronto* und *Montréal*, die mit futuristischer Hochhausarchitektur und modernen **Shopping Malls** aufwarten, eine beschauliche Hauptstadt *Ottawa*, die über zahlreiche Forschungseinrichtungen und Museen erster Güte verfügt, *Québec City*, die europäischste Stadt, die ein einziges stadtmauerbewehrtes Museum zu sein scheint, und schließlich *Halifax*, der maritime Geheimtipp mit der hohen **Lebensqualität**.

Spuren aus Geschichte und Nachbarschaft

Zum Eindruck zählt auch die ewige Verwechslung dieses an sich so unverwechselbaren Landes: Auf den ersten Blick ist alles irgendwie amerikanisch, die Architektur, die Autos, die Sprache, das Fernsehen. Schlimm genug also, dass *Hollywoodgrößen* wie ›Blues Brother‹ Dan Aykroyd, ›Captain Kirk‹ William Shatner oder der verstorbene Komiker John Candy, die genauso aus Kanada stammen wie die Popstars Neil Young, Celine Dion und Bryan Adams, immerzu für Amerikaner gehalten werden.

Wenn dann aber noch die typisch amerikanische Herablassung gegenüber dem nördlichen Nachbarn hinzukommt, ist dies für die meisten Bewohner mehr als ärgerlich. Kanada ist ganz anders, sagen die Kanadier gern. Zum einen hat das Land – obwohl auch eine **multi-**

Oben: *Savoir-vivre – im französischen Flair von Québec City das Leben genießen*
Rechts: *Outdoor-Freuden pur in unberührter Natur – Algonquin Provincial Park*
Rechts oben: *Weltstadt der Moderne – Torontos Skyline im Lichterglanz*

ethnische Gesellschaft – nicht mit den sozialen Problemen zu kämpfen wie die USA. Slums, Gettobildung oder Rassenunruhen sind hier unbekannt. Zum anderen verdeutlicht ein Blick in die Geschichte, dass die Entwicklung stark vom Antagonismus zwischen England und Frankreich geprägt wurde. Vor allem das 18. Jh. sah mal die **Briten**, mal die **Franzosen** auf der Siegerseite, bis nach dem Siebenjährigen Krieg im Frieden von Paris 1763 die französischen Besitzungen in Nordamerika endgültig an das Vereinigte Königreich fielen. Das hatte zur Folge, dass die frankophonen Bewohner Ostkanadas zunehmend ihre Identität in der französi-

schen Sprache und Kultur suchten. Daraus und aus einem Gefühl politischer und wirtschaftlicher Ohnmacht gegenüber den Angelsachsen entwickelte sich die separatistische Bewegung, die bis heute vor allem in der Provinz Québec zu Hause ist.

Die Provinzen

So verwundert es nicht, dass man in eine andere Welt eintaucht, sobald die Grenze von Ontario nach **Québec** überschritten wird. Zunächst hat jeder, auch der, der des Französischen leidlich mächtig ist, Probleme mit dem harten, altmodischen Akzent der Menschen, der an das Bretonische erinnert. In Québec schlägt dem Besucher jedoch auch das beschwingte Lebensgefühl der Frankokanadier entgegen. Das *französische Flair* hat sich bis heute in vielen Lebensbereichen erhalten: im Straßencafé von Montréal genauso wie beim Dorf-Schwätzchen auf dem Land und natürlich auf der *Speisekarte*.

Ontario gilt als das Herz Kanadas. Hier gibt man sich geschichtsbewusst, erin-

Links oben: *Tradition und Zukunft im Einklang – das Flat Iron Building vor der Spiegelglas-Kulisse Torontos*
Links unten: *Romantisch, wild und abgeschieden – St. John's in Neufundland*
Oben: *Kulturgeschichte effektvoll inszeniert – im Museum of Civilization in Hull*
Rechts unten: *Shopping-Glück ohne Ende – Einkaufsparadies Eaton's in Toronto*

nert sich gern des britischen Erbes, ist jedoch zugleich patriotisch auf Unabhängigkeit bedacht und genießt die Rolle des *Schrittmachers* im Land.

Die Rivalität der beiden bevölkerungsreichsten und wirtschaftlich sowie politisch dominierenden Provinzen Ontario und Québec wirkt aus der kühlen Distanz der **Atlantikprovinzen**, der ›Maritimes‹, gelegentlich wie Spiegelfechterei, die man kopfschüttelnd zur Kenntnis nimmt.

New Brunswick, Prince Edward Island, Nova Scotia und Neufundland, wie wir die Provinz Newfoundland im Deutschen und in diesem Reiseführer nennen, standen lange auf der Schattenseite Kanadas: Die wirtschaftliche Entwicklung des Landes ging an ihnen vorbei und die überwiegende Zahl der Touristen zog es in die Metropolen Toronto und Montréal, zu den Naturschönheiten der Rocky Mountains oder an die Pazifikküste von British Columbia in Westkanada.

Inzwischen hat sich einiges zugunsten der östlichen Provinzen verändert. **Nova Scotias** Kapitale Halifax gilt weithin als ›In-Stadt‹ mit hoher Lebensqualität und die kleinste Provinz **Prince Edward Island** sowie das benachbarte **New Brunswick** haben längst den Status eines Geheimtipps verloren.

Neufundland, das erst durch eine Volksabstimmung 1949 mit knapper Mehrheit für einen Beitritt zur kanadischen

Zahlreiche **National- und Provinzparks** verbinden Komfort und Abenteuer in perfekter Weise zu einem *Naturerlebnis*, das gerade den anspruchsvollen, nur beschränkt risikofreudigen Städter begeistert. Für den fortgeschrittenen *Outdoor-Anhänger* hingegen bietet das riesige, kaum erforschte Hinterland die Möglichkeit, bis an die eigenen physischen Grenzen zu gehen. Ob man mit dem Kanu über Hunderte von Kilometern durch nahezu unberührte **Seenlandschaft** gleiten, mit Zelt und Angel gerüstet durch einsame **Wälder** und Flussgebiete wandern oder auf den Pfaden von Elchen, Karibus und Bären durch die **Wildnis** streifen möchte, Kanadas Osten ist in jeder Hinsicht ein Paradies für Naturliebhaber.

Beeindruckend ist, dass man immer und überall in diesem weiten Land auf **gastfreundliche Menschen** trifft, die bereitwillig weiterhelfen und dem ausländischen Besucher mit Herzlichkeit und Interesse begegnen.

Konföderation stimmte, galt lange Zeit als Armenhaus und Problemgebiet. Die Fischerei, viele Jahre fast die einzige Erwerbsquelle für die meisten Familien, geriet u.a. wegen Überfischung in die Krise. Erst langsam beginnt man den Tourismus als lohnende Alternative zu begreifen.

Grandiose Natur

Doch keine Sorge: Die gestiegenen Besucherzahlen in Ostkanada haben bislang noch nicht zu Verhältnissen geführt, die als überlaufen bezeichnet werden könnten. Selbst im Hochsommer findet der Naturliebhaber immer noch ein ruhiges Plätzchen an einem der beinahe unzähligen Seen. Die grandiose, in weiten Teilen noch unberührte Natur ist das Pfund, mit dem die Kanadier am meisten wuchern.

Pioniere und Ureinwohner

An zahlreichen Orten in Ostkanada wandelt der historisch Interessierte auf den Spuren der europäischen Entdecker des 15. bis 17. Jh., stößt auf John Cabot und Samuel de Champlain, auf Jacques Cartier und Etienne Brulé. Denkmäler, Straßen und Plätze, Museen, Festungen und Türme weisen den Weg zu den Anfängen, als Kanada noch Spielball anderer Mächte war. Didaktisch ausgezeichnet aufbereitete **National Historic Sites** mit ihren oft original-kostümierten Laiendarstellern sind ein lebendiges Beispiel für die unterhaltsame Vermittlung der Landesgeschichte.

Damit ist zunächst natürlich die Historie der ›Zugereisten‹ gemeint, doch auch Kultur und Geschichte der **Indianer** und **Inuit** erfahren ein zunehmendes Interesse. Das Verhältnis zwischen den Ureinwohnern und den Weißen historisch unbelastet zu nennen, würde wohl kaum der Realität entsprechen. Zwar hat die Auseinandersetzung vor allem zwischen den Indianern und den weißen Siedlern nie eine solche Brutalität und Schärfe erreicht wie in den USA, doch auch in Kanada schob man die Indianer in Reservate ab, ließ sie nicht an Entwicklung und Wohlstand teilhaben.

Erst zu Beginn der 80er-Jahre des 20. Jh. wurden die **Rechte** der Ureinwohner als ursprüngliche Besitzer des Landes (›First Nations‹) gesetzlich anerkannt und verfassungsmäßig verankert. Seitdem schlossen beide Seiten mehrere Verträge ab, die den Indianern und Inuit Kompensationen in dreistelliger Millionenhöhe garantierten.

Links oben: *Köstlichkeiten aus dem Meer – in Kanadas Restaurants immer frisch*
Links Mitte: *Wildlife hautnah – Karibu im Gros Morne National Park*
Links unten: *Indianische Wurzeln – die Ureinwohner Kanadas sind nicht vergessen*
Oben: *Farbenzauber des Indian Summer*
Unten: *Eisiges Vergnügen – Rodelspaß auf der Terrasse Dufferin in Québec City*

Der Reiseführer

Dieser Band stellt **Ostkanada** mit seinen Provinzen Ontario, Québec, New Brunswick, Prince Edward Island, Nova Scotia und Neufundland in *sechs Kapiteln* vor. Auf besondere Höhepunkte bei Hotels, Restaurants, Nationalparks etc. verweisen die **Top Tipps**. Den Besichtigungspunkten sind jeweils **Praktische Hinweise** mit Tourismusbüros sowie Hotel- und Restaurantempfehlungen angegliedert. **Übersichtskarten** und **Stadtpläne** erleichtern die Orientierung. Auf den letzten Seiten informiert **Ostkanada aktuell A bis Z** über Anreise, Essen und Trinken, Feste sowie Sportmöglichkeiten, Unterkunft und Verkehrsmittel. **Kurzessays** zu verschiedenen Themen runden den Reiseführer ab. Hinzu kommt ein ausführlicher **Sprachführer**.

Geschichte, Kunst, Kultur im Überblick

Indianer und Inuit, Franzosen und Engländer, Separatisten und Immigranten – von der Dominion zur Föderation

um 12 000 v. Chr. Die Vorfahren der Inuit, der Eskimos, und der Indianer wandern über die Landbrücke zwischen Alaska und Sibirien nach Nordamerika ein.

um 2000 v. Chr. Steinzeitmenschen der Dorset-Kultur siedeln in den Küstenregionen der kanadischen Arktis. Sie leben in kleinen, clanartigen Gruppen, fertigen einfache Werkzeuge aus Stein und ernähren sich von Fischen und Wild.

um 1000 n. Chr. Wikinger unter Leif Erikson erreichen mit ihren Holzbooten Neufundland und bauen bei L'Anse-aux-Meadows erste Siedlungen.

um 1400 Fischer aus England, Frankreich und Portugal entdecken die reichen Fischgründe vor der Küste Ostkanadas.

1497 Der italienische Seefahrer Giovanni Caboto (John Cabot) segelt im Auftrag der englischen Krone an die kanadische Ostküste. Als er seinen Auftraggebern vom Fischreichtum der Region erzählt, sind diese enttäuscht, da sie auf Goldfunde gehofft hatten.

1534/35 Der Franzose Jacques Cartier erkundet bei zwei Reisen den St.-Lorenz-Strom flussaufwärts bis in das Gebiet des heutigen Montréal und nimmt das Land für Frankreich in Besitz. Er errichtet auf einem Berg beim Indianerdorf Hochelaga, dem er den Namen Mont Royal (Montréal) gibt, ein Kreuz für König Franz I.

1583 Engländer errichten eine Siedlung auf Neufundland.

1603 Samuel de Champlain kartographiert als erster Teile Kanadas.

1605 In der Nähe des heutigen Annapolis Royal in Nova Scotia entsteht die erste dauerhafte französische Siedlung.

1608 Champlain gründet Québec. Die Siedlung wird die erste permanente europäische Niederlassung am St.-Lorenz-Strom, der Pelztierhandel zur wichtigsten Einnahmequelle von Nouvelle France.

1610 Auf der Suche nach der Nordwestpassage, der Schiffsverbindung zwischen Atlantik und Pazifik, entdeckt der englische Seefahrer Henry Hudson die nach ihm benannte Bay.

1615 Samuel de Champlain erreicht auf einer Expeditionsreise die Großen Seen.

1625 Die ersten Angehörigen des Jesuitenordens kommen nach Québec und versuchen, die Indianer zum christlichen Glauben zu bekehren.

1642 Maisonneuve gründet die Siedlung Ville-Marie, das spätere Montréal.

1650–60 Bei Indianerkriegen zwischen Irokesen, Huronen und Algonquin werden die Huronen fast völlig vernichtet.

1667 Unter König Ludwig XIV. wird Kanada französische Provinz.

1670 Englische Adelige gründen in London die privatwirtschaftliche Hudson Bay Company. Dieser Gesellschaft wird vom englischen König Karl II. das Recht verliehen, im Gebiet jener Flüsse, die in die Hudson Bay münden, Pelzhandel zu treiben und bewaffnete Männer zur Interessenabsicherung auszubilden.

1689 Die kriegerischen Auseinandersetzungen zwischen Briten und Franzosen in Europa wirken sich im englisch-französischen Kolonialdualismus auch auf Kanada aus. In den Folgejahren wird die Hudson Bay Company von französischer Seite bekämpft.

◁ Für England unterwegs – der Venezianer John Cabot landete 1497 an Kanadas Küste

◁ *Im Dienste Frankreichs – Jacques Cartier erforschte um 1534 das St.-Lorenz-Gebiet*

1690 Mehr als 10 000 Siedler aus Europa leben in Kanada.
1713 Im Utrechter Frieden wird den Engländern Akadien (Nova Scotia), das Hudson-Bay-Gebiet und Neufundland zugesprochen, Frankreich erhält New Brunswick, Cape Breton und Prince-Edward-Island.
1713–44 Diese drei Jahrzehnte gelten in der noch jungen kanadischen Geschichte als Friedensperiode. Durch Pelzhandel, Fischfang und Handwerk steigt der Wohlstand des Landes.
1744–48 Frankreich und England führen wieder Krieg um ihre Kolonien in Nordamerika. 1745 überrennen die Briten die stark gesicherte Festung Louisbourg.
1749 Halifax wird als englischer Marinestützpunkt von Edward Cornwallis gegründet.
1753 Norddeutsche Protestanten aus der Gegend um Lüneburg siedeln sich in Nova Scotia an und gründen die Stadt Lunenburg.
1755 Tausende von französischen Akadiern weigern sich, den Treueeid auf die englische Krone zu leisten.
1756–63 Der Siebenjährige Krieg der europäischen Großmächte wirkt sich bis in die Kolonien aus: Frankreich, zermürbt durch zahlreiche Schlachten gegen Preußen, verliert nach dem Sieg des englischen Generals James Wolfe über den Franzosen Marquis de Montcalm bei Québec City die Herrschaft über die gesamte Provinz.
1763 Durch den Frieden von Paris wird Kanada endgültig britisch. Nur die beiden Inseln St. Pierre und Miquelon bleiben (bis heute) französisch.
1774 Beim Kongress aller englischen Kolonien Nordamerikas in Philadelphia sprechen sich die Teilnehmer für die Loslösung vom englischen Mutterland aus. Das englische Parlament verabschiedet den ›Québec Act‹, der den Franzosen in Kanada eine religiöse und kulturelle Sonderstellung zugesteht (vor allem manifestiert in dem Recht auf die Anwendung der französischen Sprache).
1776 General Riedesel landet mit rund 4000 Siedlern aus Braunschweig in dem Gebiet des heutigen New Brunswick.
1783 Die USA erreichen durch den Frieden von Paris ihre Unabhängigkeit von England. Daraufhin verlassen ca. 50 000 Loyalisten den jungen Staat und siedeln sich in Kanada an.
1791 Im ›Canada Act‹ wird Québec in Oberkanada (Ontario) und Unterkanada (Französisch-Québec) geteilt.
1792 Eine Forschungsexpedition unter der Führung von Alexander Mackenzie durchquert als erste den Kontinent und erreicht 1793 den Pazifischen Ozean.
1812–14 Grenzstreitigkeiten zu Beginn des 19. Jh. führen zum Amerikanisch-Britischen Krieg. 1813 erleiden die Amerikaner bei Châteaugay eine schwere Niederlage gegen die Engländer, die mit den unter Häuptling Tecumseh vereinigten Indianerstämmen verbündet sind.
1815 Friedensvertrag von Gent.
1818 Amerikaner und Briten einigen sich auf den 49. Breitengrad als kanadisch-amerikanische Staatsgrenze zwischen Pazifikküste und den Großen Seen, die zur neutralen Zone erklärt werden.
1841 Ober- und Unterkanada werden nach 50 Jahren wieder vereinigt: ein Versuch, die Frankokanadier zu assimilieren.
1848 Nova Scotia erhält als erste Provinz die politische Autonomie.
1867 Der ›British North America Act‹ konstituiert das ›Dominion of Canada‹. Die Provinzen Ontario, Québec, Nova Scotia und New Brunswick werden zu einem Staat unter voller politischer Autonomie vereinigt.
1869 Die Hudson Bay Company überlässt das von ihr kontrollierte Territorium Kanada. Dadurch gewinnt das Land enorm an Fläche.
1873 Prince Edward Island schließt sich dem kanadischen Bundesstaat an.
1885 Die ›Jahrhundert-Eisenbahn‹ Canadian Pacific Railway wird fertig gestellt. Reisende können das Land jetzt vom Atlantik bis zum Pazifik auf Schienen durchqueren.
1896 Nach Goldfunden am Klondike im Yukon-Territory erfasst ein kollektiver Goldrausch ganz Nordamerika.

◁ *Die Väter der kanadischen Konföderation – 1867 entstand das Dominion of Canada*

1901 Der spätere italienische Nobelpreisträger Guglielmo Marconi empfängt auf dem Signal Hill bei St. John's auf Neufundland den ersten transatlantischen Funkspruch.

1914–18 Kanada nimmt an der Seite der Alliierten am Ersten Weltkrieg teil. Mehr als 60 000 Kanadier lassen ihr Leben.

1921 Der Liberale William Mackenzie King übernimmt erstmals das Amt des Premierministers. Er ist – mit Unterbrechungen – 22 Jahre Ministerpräsident des Landes.

1931 Durch das Statut von Westminster wird Kanada souveräner Staat im British Commonwealth of Nations.

1939–45 Im Zweiten Weltkrieg kämpft Kanada aufseiten der Alliierten gegen die Deutschen.

1945 Kanada wird Gründungsmitglied der Vereinten Nationen in San Francisco.

1949 Neufundland tritt nach einer Volksabstimmung als letzte Provinz dem kanadischen Bund bei. Kanada unterzeichnet den Nordatlantikvertrag (NATO).

1959 Der St.-Lorenz-Seeweg, die Verbindung von Atlantischem Ozean und den fünf Großen Seen, wird eröffnet.

1960 In der ›Bill of Rights‹ erhalten die Ureinwohner Kanadas – die Indianer und die Inuit – das Bundeswahlrecht.

1964 Besuch der britischen Königin Elizabeth II. Anlässlich dieser Staatsvisite demonstrieren Frankokanadier für die Loslösung der von ihnen bewohnten Gebiete.

1965 Die kanadische Nationalflagge mit dem roten Ahornblatt wird geboren.

1967 Hundertjähriges Bestehen des Staates Kanada und Weltausstellung Expo in Montréal. Der Besuch des französischen Staatspräsidenten Charles de Gaulle, der ›das freie Québec‹ hochleben lässt, löst heftige Proteste aus.

1968 Pierre Trudeau von den Liberalen gewinnt die Wahl zum Premierminister. René Lévesque gründet die stark separatistisch ausgerichtete Parti Québecois.

1969 Der ›Official Languages Act‹ tritt in Kraft. Dieses Gesetz regelt die Anerkennung von Englisch und Französisch als offizielle Amtssprachen von Kanada.

1970 Trudeau verhängt das Kriegsrecht, nachdem Extremisten der ›Front de Libération du Québec‹ terroristische Anschläge verübt und den Arbeitsminister der Provinz ermordet haben.

Olympia 1976 – im Juli wurden in Montréal die XXI. Sommerspiele eröffnet ▷

Die Idee einer Ablösung Québecs von Kanada brachte 1995 Tausende auf die Straße ▷

1976 Die XXI. Olympischen Sommerspiele finden in Montréal statt.
1980 Ein von der Parti Québecois angestrengtes Referendum über den Austritt aus der kanadischen Konföderation wird von rund 60% der Provinz-Bevölkerung abgelehnt.
1982 Die letzten noch gültigen Vollmachten des britischen Parlaments werden durch den ›Canada Act‹ aufgehoben. Ottawa ist ab sofort für Verfassungsänderungen alleinverantwortlich zuständig. Damit erhält Kanada jetzt erst auch formal seine Unabhängigkeit.
1984 Brian Mulroney von der Progressive Conservative Party wird neuer Premierminister von Kanada, er löst John Turner von der Liberal Party ab.
1988 Ottawa zahlt den Völkern der Métis und Dene insgesamt 500 Mio. kanadische Dollar Abfindung und gesteht ihnen Landrechte in den North West Territories zu.
1993 Premierminister Mulroney tritt aufgrund der wirtschaftlichen Rezession von seinem Amt zurück. Aus den Oktoberwahlen geht Jean Chrétien von der Liberal Party als neuer Premierminister hervor. Die Parti Québecois erreicht in der bevölkerungsstarken Provinz Québec rund zwei Drittel der Mandate.
1994 Am 1. Januar tritt das trilaterale Wirtschafts- und Handelsabkommen NAFTA (North American Free Trade Association) nach jahrelangen Verhandlungen in Kraft. Die Vereinigten Staaten, Kanada und Mexiko formen den größten Wirtschafts- und Handelsblock der Welt.
1995 Das Referendum über die Loslösung der Provinz Québec von Kanada, das von der Parti Québecois angestrengt worden war, scheitert nur knapp.
1997 Bei den vorgezogenen Parlamentswahlen im Juni kann Premierminister Jean Chrétien von der Liberal Party seine Mehrheit knapp behaupten.
1999 Im April entsteht das neue autonome Inuit-Territorium NUNAVUT (›Unser Land‹). Es umfasst die östliche Hälfte der North West Territories sowie einen Teil Nord-Québecs (2,2 Mio. m^2). Provinzhauptstadt ist Iqualuit.
2001 Beim Summit of the Americas konkretisieren die Staats- und Regierungschefs Nord- und Südamerikas das Projekt der Panamerikanischen Freihandelszone FTAA.
2003 Im Dezember folgt Finanzminister Paul Martin seinem Parteikollegen Jean Chrétien im Amt des Regierungschefs.
2004 Die Liberale Partei wurde durch einen Sponsoren-Skandal (sponsorship scandal/scandale des commanites) aus der Regierungszeit Chrétiens schwer gebeutelt und verliert bei den Parlamentswahlen die Mehrheit im Parlament. Seitdem regiert Martin mit einer Minderheitsregierung, die sporadisch von der Neuen Demokratischen Partei unterstützt wird. Außenpolitisch ging Martin auf Distanz zu den USA, indem er keine Truppen in den Irak-Krieg schickte und die kanadische Beteiligung am Militärischen Abwehrschirm der USA verweigerte.
2005 Am 28. November wird der liberale Premierminister Paul Martin durch ein erfolgreiches Misstrauensvotum unter Führung des Konservativen Stephen Harper gestürzt. Martin beantragt daraufhin Neuwahlen.
2006 Bei den vorgezogenen Neuwahlen am 22. Januar gewinnen die Konservativen unter dem bekennenden Bush-Freund Stephen Harper, der verspricht, schärfer gegen Korruption und Kriminalität vorzugehen. Die Liberalen verlieren 32 Sitze und Paul Martin kündigt den Rücktritt vom Vorsitz seiner Partei an. Der Bloc Québécois kann nicht von dem Umschwung zugunsten der Konservativen profitieren. Die linksgerichtete Neue Demokratische Partei legt dagegen kräftig zu.

Wahrzeichen französischer Tradition: Altstadt von Québec City mit dem berühmten Hotel Château Frontenac

Unterwegs

Ontario – das kraftvolle Herz Kanadas

Ontario, geographisch etwa auf halbem Weg zwischen der östlichsten Atlantikprovinz Neufundland und der Pazifikprovinz British Columbia gelegen, gilt als Herz Kanadas. Sowohl die erste kanadische Hauptstadt **Kingston** als auch die heutige Kapitale **Ottawa**, die sich zur *Kunststadt* gemausert hat, befinden sich in Ontario, dazu die größte Stadt des Landes: **Toronto**, noch vor einigen Jahren als verschlafene Metropole vor allem von den Bewohnern der lebenslustigen Rivalin Montréal belächelt, hat sich zu einer *Entertainment City* entwickelt.

Fast ein Drittel der Einwohner Kanadas lebt in dieser Provinz, die mit knapp 1,1 Mio. km^2 dreimal größer ist als Deutschland und wirtschaftlich im Land den Takt vorgibt. Dabei ist der relativ stark besiedelte Streifen entlang der amerikanischen Grenze nur eine Seite der so vielfältigen Region. Die andere sind mehr als 250 000 *Seen, Flüsse* mit einer Gesamtlänge von 60 000 km sowie riesige *Laub- und Nadelwälder.*

Obwohl vor den Toren der Städte die **urwüchsige Natur** oft nicht fern ist, bekommt der Reisende erst bei der Fahrt in den Norden und Westen der zweitgrößten kanadischen Provinz einen unvergesslichen Eindruck von der **Weite** und Einsamkeit des Landes. Daneben erwarten ihn spektakuläre *Naturschauspiele* wie die **Niagara Falls**, Kanadas berühmteste Touristenattraktion, sowie malerische *Weingüter* und fruchtbares *Farmland*.

1 Toronto

Plan Seite 20

Wolkenkratzer und viktorianische Häuser, riesige Shopping Malls und beeindruckende Museen – Kunst und Kommerz in reizvoller Symbiose.

Die meisten Touristen aus Mitteleuropa betreten kanadischen Boden wohl zuerst auf dem *Pearson International Airport* in Toronto. Der verkehrsreichste Flughafen des Landes ist das Eingangstor zum zweitgrößten Staat der Erde. Doch bevor sich der Besucher von der Weite der unberührten Natur gefangen nehmen lässt, stürzt er sich in der Regel ein paar Tage in den Großstadtdschungel Torontos, der bei näherer Betrachtung jedoch weniger mit gefährlichen Abenteuern als mit touristischen **Entdeckungen** aufwartet.

Denn in den *schachbrettartig* angelegten Straßen findet man sich nicht nur hervorragend zurecht, sondern braucht sich auch um seine persönliche Sicherheit keine allzu großen Sorgen zu ma-

Herausragend – der CN Tower, der höchste Turm der Welt, dominiert Torontos Skyline ▷

chen: »Toronto, das ist New York ohne Fehler«, schrieb einmal eine amerikanische Zeitung. Natürlich gibt es auch in der Metropole am Ontario-See Armut und Verbrechen. Aber ausgedehnte Slumviertel findet man genauso wenig wie ausufernde (Banden)-Kriminalität.

Im Großraum Toronto leben heute rund 3,8 Mio. Menschen aus allen Teilen der Erde. So nimmt es nicht wunder, dass auf dem Stadtplan **Chinatown** genauso zu finden ist wie **Little Italy**, **Greektown** oder **Koreatown**.

Hatte Kanadas größte Stadt bis vor etwa 15 Jahren noch mit dem Image zu kämpfen, ein langweiliger Flecken zu sein, so hat sich dieses Bild stark gewandelt. Die **Kulturszene** boomt; vor allem die Filmindustrie profitierte von der Entscheidung einiger Hollywood-Studios, einen Teil ihrer Streifen in Toronto zu drehen. Zudem avancierte die Stadt inzwischen zur zweitgrößten nordamerikanischen **Theatermetropole** nach New York. Gab es 1962 nur zwei professionelle Bühnen, so sind es heute mehr als 40.

Die Voraussetzung für die kulturelle Blüte ist die starke wirtschaftliche Verfassung der Stadt, deren *Vormachtstellung* in Kanada in den 70er- und 80er-Jahren des 20. Jh. zementiert wurde, als viele Investoren Kapital und Produktionsmittel aus der benachbarten vermeintlichen Unruheprovinz Québec abzogen und sich in Toronto ansiedelten.

Geschichte Auf dem heutigen Stadtgebiet wurde 1720 von den Franzosen die Handelsniederlassung **Fort Toronto** gegründet. Doch schon 1759, während des Siebenjährigen Krieges, zerstörten sie diese Befestigung, um eine Nutzung durch die Briten zu verhindern.

1793 errichtete Gouverneur **John Simcoe** hier eine Siedlung nach europäischem Vorbild nebst einem Fort, das er zu Ehren des englischen Herzogs **York** nannte. Während des Amerikanisch-Britischen Krieges wurde der kleine Ort 1813 in die kriegerischen Auseinandersetzungen verwickelt, wichtige Gebäude wurden von angreifenden Amerikanern niedergebrannt. Große Einwanderungswellen aus Europa führten zu einem schnellen Bevölkerungswachstum.

1834 wurden York die **Stadtrechte** verliehen. Zugleich änderte die Ansiedlung mit ihren knapp 10 000 Einwohnern den Namen endgültig in Toronto. Um 1900 hatte sie bereits eine Viertelmillion Einwohner. Ein Mann namens **Sam Ching** schrieb in dieser Zeit Stadtgeschichte: Als

erster chinesischer Bewohner wurde er im Stadtarchiv aufgelistet und markierte den Beginn einer asiatischen **Einwanderungswelle**, die die ethnische Zusammensetzung Kanadas mehr und mehr veränderte.

In der ersten Hälfte des 20. Jh. wuchs Toronto rapide weiter. Eine riesige Zahl von Immigranten kurbelte nach dem Zweiten Weltkrieg die Wirtschaft zusätzlich an. 1953 schloss sich die Stadt mit einigen selbstständigen Nachbargemein-

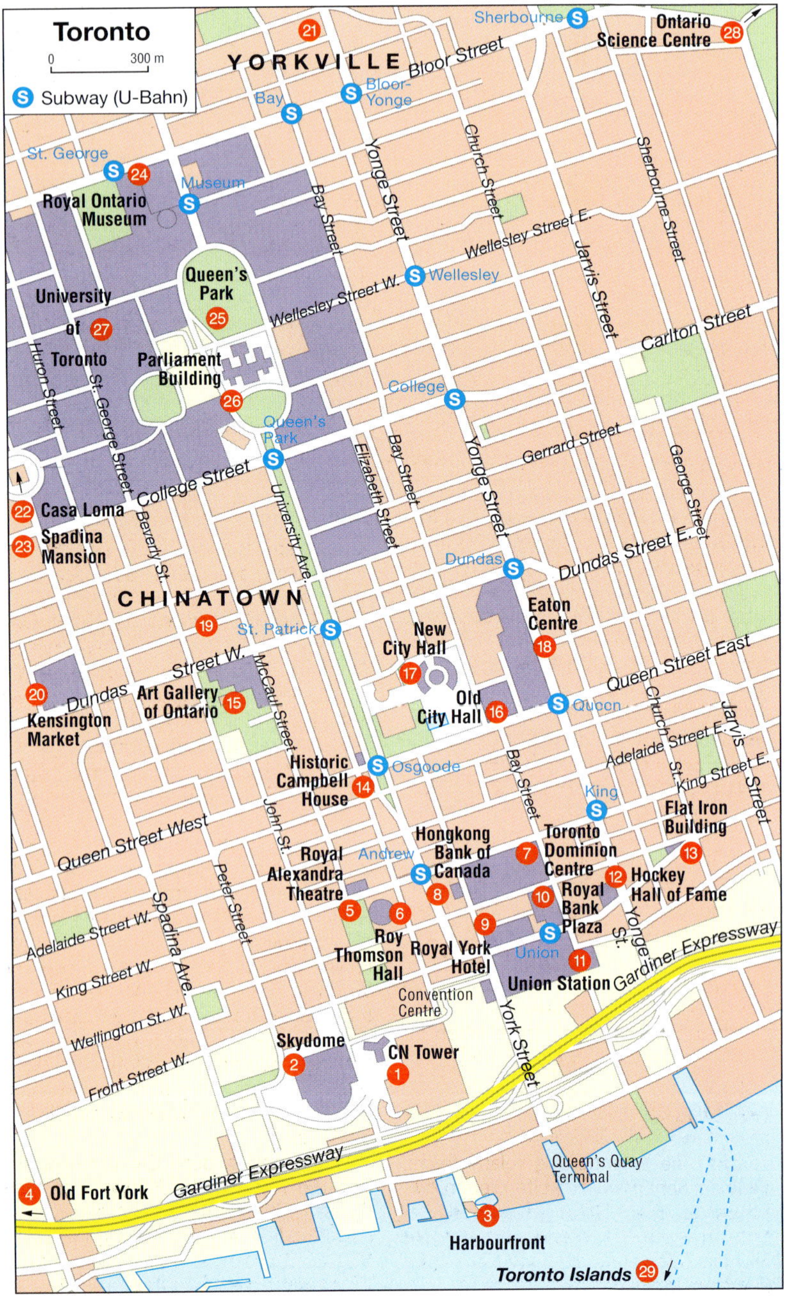

Lebendig, bunt und eine Fundgrube für Shopping-Fans: Torontos Yonge Street

den zum urbanen Ballungszentrum **Metropolitan Toronto** zusammen. Bis in die 70er-Jahre des 20. Jh. hinein stand Toronto jedoch im Schatten der Rivalin Montréal, die mit französischer Lebenslust, einem reichen Kulturangebot und Prestigeveranstaltungen ein ums andere Mal die Nase vorn hatte.

Doch die durch terroristische Anschläge, Demonstrationen und martialische Reden von Separatistenführern angeheizte Stimmung in der Provinz Québec hievte Toronto endgültig auf den *ersten Platz* unter Kanadas Metropolen. Banken und Versicherungskonzerne verlegten ihre Schaltzentralen an den Ontario-See, die Industrie folgte. Steigendes Steueraufkommen füllte den Stadtsäckel, und Toronto konnte viel Geld in den Ausbau der Infrastruktur sowie in den Aufbau von Kunst-, Kultur- und zahlreiche Bildungseinrichtungen stecken. Heute leben im Großraum Toronto 3,8 Mio. Menschen.

Besichtigung Wie in den meisten nordamerikanischen Städten fällt auch in Toronto die Orientierung relativ leicht. Viele der Sehenswürdigkeiten liegen zwischen der *Bloor Street* im Norden, der *Spadina Avenue* im Westen, der *Harbour Front* im Süden und der *Yonge Street* (der längsten Straße der Welt) im Osten.

Downtown

TOP TIPP

Am besten beginnt man die Stadtbesichtigung am Wahrzeichen Torontos, dem **CN Tower** 1 (So–Do 9–22, Fr/Sa bis 22.30 Uhr, www.cntower.ca). Das mit 553 m höchste freistehende Gebäude der Welt wurde im Juni 1976 nach dreieinhalbjähriger Bauzeit fertig gestellt. Der Turm hat sich zu einer beliebten Aussichts- und Vergnügungsstätte entwickelt, wie die zumeist langen Schlangen vor den Ticketschaltern dokumentieren. *Expressaufzüge* bringen den Besucher in weniger als einer Minute zum 340 m hoch gelegenen *Space Deck* mit Außen- und Innenaussichtsplattform. Wer es noch luftiger mag, fährt mit einem weiteren Lift und gegen ein Extra-Entgelt bis auf das 447 m hohe *Sky Pod*. Von dort oben wirken selbst die höchsten Wolkenkratzer First Canadian, Bay Adelaide Centre und Scotia Plaza wie Spielzeughäuser. Für Schwindelfreie empfiehlt sich ein Gang über den in 342 m Höhe installierten *Glasboden* mit Blick in die Tiefe.

Direkt neben dem CN Tower wölbt sich die futuristische Kuppel des **Skydome** 2. 1989 fertig gestellt, bietet diese multifunktionale *Sportarena* Platz für 65 000 Zuschauer. Die Baseballprofis der ›Blue Jays‹ tragen hier ihre meist ausverkauften Heimspiele aus. Ein technisches Meisterwerk ist das 30 000 m^2 große weiße *Kuppeldach*, das mittels Computertechnik geöffnet werden kann, um aus der Halle eine offene Arena zu machen. Wer das Zuschauervergnügen noch steigern will, kann in zahlreichen teuren Logen den Spielen auf äußerst komfortable Art beiwohnen. Das 4-Sterne-Hotel Skydome, von dessen Zimmern man teilweise die Sportereignisse ebenfalls verfolgen kann, bietet eine bezahlbare Alternative.

Vom Skydome sind es nur wenige Minuten zu Fuß zur aufwendig hergerichteten **Harbourfront** 3 mit dem angeschlossenen *Harbourfront Park*. Wo sich früher eine Ansammlung von alten Lagerhallen befand, reihen sich heute teure Apartmenthäuser, schicke Restaurants, Kneipen, Andenkenläden, Buchhandlungen und kunstgewerbliche Geschäfte aneinander. In dem Gebäude des *York Quay Centre* sind zudem eine Kunstgalerie und ein Sommertheater untergebracht. Die Südwestecke der Harbourfront nimmt der *Molson Place* ein mit 1750 Sitzplätzen für Open-Air-Konzerte.

Nahe dem Gardiner Expressway Richtung Flughafen, an der Garrison Road, erhebt sich das **Old Fort York** 4 (Mo–Fr 10–16, Sa/So 10–17 Uhr), die 1793 von Gouverneur John Simcoe als Schutz für Bewohner und Soldaten errichtete Befestigungsanlage. 1813, während des Amerikanisch-Britischen Krieges, wurde das Fort von US-Soldaten angegriffen und geschleift. Das angeschlossene *Militärhistorische Museum* informiert über die wechselvolle Geschichte der Region.

Unmittelbar westlich des Business District, an der King Street West 260, befindet sich das **Royal Alexandra Theatre** 5. Ein abendlicher Besuch dieses plüschigen Musical- und Revuetheaters ist bei Torontonians wie Touristen gleichermaßen angesagt.

Vis-à-vis steht die **Roy Thomson Hall** 6. Die moderne Konzerthalle, die raumschiffartig anmutet, wurde im Jahre 1981 eröffnet, ist Heimstatt für die Toronto Symphony und bietet ein überwiegend klassisches Musikrepertoire sowie Jazz Performances.

Rechter Hand zweigt die York Street ab, die geradewegs zum **Toronto Dominion Centre** 7 führt, einen Hochhauskomplex, der in den 60er-Jahren des 20. Jh. von *Ludwig Mies van der Rohe* mitentworfen wurde. Die schwarze, glänzende Fassade scheint die Geheimnisse des Big Business zu symbolisieren.

Auf der anderen Straßenseite liegt das Gebäude der **Hongkong Bank of Canada** 8, das durch sein architektonisches Spiel mit dem Gegensatz von Alt und Neu ins Auge fällt. In die polierte braune Granitfassade des Hochhauses ist ein dreistöckiges viktorianisches Haus baulich integriert.

Ruhe vor dem Sturm – der Skydome ist Arena für Baseball- und Football-Action

Das nostalgische Flat Iron Building ist Blickpunkt zwischen modernen Wolkenkratzern

Gleich um die Ecke, an der Front Street West, erhebt sich das altehrwürdige **Royal York Hotel** 9, das unter seinem Dach immer noch den Charme eines Grandhotels entfaltet. Man sollte sich die Zeit nehmen, einen Gang durch die gediegene *Lobby* mit der dunklen Holztäfelung und den gewaltigen Lüstern zu machen.

Nebenan in der Bay Street, dem Finanzdistrikt, glitzern die Türme der **Royal Bank Plaza** 10. Was hier in der Sonne schimmert, ist zum Teil echtes Gold, das

Mit ihren Werken Henry Moores ist die Art Gallery of Ontario ein Muss für alle Kunstfans

New City Hall – mit seiner Architektur hat Torontos Rathaus von sich reden gemacht

aus Energiespargründen auf die Fassade aufgetragen wurde.

Gegenüber dem Royal York Hotel erhebt sich der imposante Hauptbahnhof **Union Station** 11, dessen Fassade von zwei Dutzend Säulen getragen wird und eher einem altehrwürdigen Gerichtshof ähnelt. In der *Halle* hängen friedlich nebeneinander die Fahnen der Provinzen.

Neueste Attraktion in der Innenstadt ist die nur wenige Schritte entfernte **Hockey Hall of Fame** 12 (Front Street/Yonge Street, Juli/Aug. Mo–Sa 9.30–18, So 10–18, sonst Mo–Fr 10–17, Sa 9.30–18, So 10.30–17 Uhr, www.hhof.com). Hier erfährt der Fan alles über Kanadas Nationalsport Eishockey.

In östlicher Richtung erkennt man das **Flat Iron Building** 13 von 1892, das eigentlich nach seinem Erbauer *Gooderham Building* heißt. Aufgrund seiner spitzwinklig zulaufenden Architektur vor dem Hintergrund moderner Spiegelglasbauten ist es ein begehrtes Fotomotiv.

Über die University Avenue erreicht man in nördlicher Richtung das in einem kleinen Park an der Queen Street West gelegene **Historic Campbell House** 14, ein 1822 errichtetes Gebäude im Georgian Style. Die vier weißen Säulen am Eingang verleihen dem Haus einen großbürgerlichen Touch. Die Inneneinrichtung besteht aus erlesenen Möbeln des 19. Jh.

Eines der bedeutendsten Museen Kanadas befindet sich ein paar Blocks TOP TIPP nördlich, die **Art Gallery of Ontario** 15 (317 Dundas Street West, Mi–Fr 12–21, Sa/So 10–17.30 Uhr, www.ago.net). Attraktion ist die *Moore Gallery* mit der weltweit größten Skulpturensammlung des britischen Künstlers Henry Moore, die er dem Museum in den 1970er-Jahren in Form einer Schenkung überließ. Für ausländische Besucher besonders sehenswert sind die Räume mit naiver *Inuit-Kunst* [s. S. 122], vor allem die Skulpturen des vielleicht einflussreichsten zeitgenössischen Inuit-Bildhauers, Augustin Anaittuq. Eine Kollektion *europäischer Malerei* des 19. Jh. und der Gegenwart rundet die Kunstsammlung ab. Nach Plänen des aus Toronto stammenden Star-Architekten Frank Gehry wird das Museum bis 2008 für 190 Mio. Dollar neu gestaltet und um 47% erweitert.

Ein paar Straßen weiter östlich, am Nathan Phillips Square, liegt die **Old City Hall** 16. Das 1891 im neoromanischen Stil errichtete Rathaus wirkt durch seine zahlreichen Giebel und Türmchen sehr verspielt. Direkt nebenan fällt der moderne TOP TIPP Betonbau der **New City Hall** 17 ins Auge, ein bis heute in Toronto umstrittenes Architekturkonzept des Finnen *Viljo Revell*. Das Ensemble aus dem Jahr 1965 besteht aus zwei unterschiedlich hohen halbkreisförmigen Hochhäusern, die sich um das muschelförmige Stadtparlament wie um den Mittelpunkt eines Kreises gruppieren.

Etwa 300 m weiter östlich und somit nördlich des eigentlichen Wolkenkratzer-Distrikts, erstreckt sich an der Yonge Street das **Eaton Centre** 18. Den Kern bilden die beiden großen Kaufhäuser *Eaton's* und *The Bay*, um die unter- und überirdisch mehrere hundert Einzelhandelsgeschäfte angesiedelt sind. Besonders augenfällig ist die von dem deutschstämmigen Architekten *Ed Zeidler* entworfene gläserne Kuppel, die dem kommerziellen Treiben darunter einen künstlerischen Anstrich gibt. Die Verbindung von Kunst und Kommerz wird auch durch die aus 60 Wildgänsen bestehende Plastik des Bildhauers *Michael Snow* deutlich, die den Titel ›Step Flight‹ trägt.

TOP TIPP

Chinatown und Kensington Market

Das farbenfrohe Viertel **Chinatown** 19 erstreckt sich westlich und östlich der Spadina Avenue, entlang der Dundas Street bis an die University Avenue im Osten und die Bathurst Street im Westen. Hier leben etwa 200 000 bis 300 000 Menschen chinesischer Abstammung, die die Gegend zu einem *Abenteuer der Sinne* werden lassen. Kleine bunte Märkte und Gemüsestände werben ebenso wie Restaurants, Schmuck- und Uhrenhändler

Im Einkaufsrausch schwelgen – in Torontos Eaton Centre **(oben)** *wartet das Shopping-Glück, Chinatown* **(unten)** *lockt mit exotisch-bunter Vielfalt*

Aufgespielt: Torontos Straßen sind eine beliebte Bühne für Musik, Kunst und Unterhaltung

um Kundschaft. Hochhäuser sieht man nur noch von fern, Toronto scheint sich in das frühe Hongkong oder Schanghai verwandelt zu haben. Wie in wohl allen Chinatowns der Welt nimmt die Zahl der Flaneure, Müßiggänger und Händler hier sprunghaft zu. Auch die *Straßenbeschilderung* ist nun zweisprachig, und je weiter man in die Chinatown eintaucht, desto exotischer wird die Umgebung. Viele *Restaurants* offerieren ihre Speisen auf der Karte nur noch Chinesisch.

Spezialitäten aus aller Welt – im Kensington Market ist fast alles zu haben

In unmittelbarer Nachbarschaft erstreckt sich der **Kensington Market** 20, den man über die St. Andrews Street und die Kensington Avenue erreicht. Gleich an der Ecke, in einem pittoresken roten Ziegelhaus, stößt man auf den reichhaltigen *Kensington Fruit Market*. Tatsächlich ist die *Kensington Avenue* eine der hübschesten Straßen des Viertels. Die ein- und zweigiebligen Häuser sind rot, blau oder grün gestrichen. Hier haben sich neben Asiaten viele junge Weiße niedergelassen – Künstler, Studenten, Bohémiens. Das Ganze hat *Szene-Charakter* und erinnert vom Lebensgefühl an manche Stadtteile in Amsterdam oder Berlin. In dem Viertel hat sich zudem einige *Spezialitätenläden* für Käse oder Tee und Kaffee angesiedelt, die viele wohlhabende Torontonians anlocken.

Rund um Yorkville

Im 19. Jh. als eigenständige Gemeinde im Norden Torontos gegründet, war **Yorkville** 21 in den 60er-Jahren des 20. Jh. ziemlich heruntergekommen und genoss nicht gerade die beste Reputation. Als dann auch noch die Hippiebewegung Besitz von dem Viertel ergriff, war der Ruf bei den puritanischen Bewohnern Torontos endgültig dahin. In den 70-er Jahren des 20. Jh. begannen weitsichtige Investoren mit der Renovierung und Sanierung des Viertels. Heute gilt es geradezu als schick und trendy, dort zu leben.

Yorkville breitet sich mit seinen vielen perfekt hergerichteten *viktorianischen Villen* nördlich der Bloor Street aus und erhält durch Alleen, Vorgärten und kleine Parks einen fast ländlichen Anstrich. Bekannt ist das Viertel für seine exklusiven *Boutiquen*, teuren *Restaurants* und *Antiquitätengeschäfte*. Ebenso findet man dort zahlreiche *Galerien*.

Nordwestlich von Yorkville, nahe der Spadina Avenue, thront **Casa Loma** 22 (1 Austin Terrace, tgl. 9.30–17 Uhr, www.casaloma.org) – für den Besucher aus Europa ein vertrauter und zugleich überraschender Anblick: eine mittelalterlich scheinende Burg mit Zinnen und Türmen. Erbaut wurde die Anlage zwischen 1911 und 1914 für die damals unglaubliche Summe von 3 Mio. Dollar von *Sir Henry Pellatt*, einem reichen Geschäftsmann, der sein Geld mit der Elektrifizierung Torontos verdiente und ein Faible für das europäische Mittelalter hatte. Neben den 98 Zimmern besaß die Burg einst 30 Bäder, 25 offene Kamine, drei Bowlingbahnen und einen 300 m langen Tunnel, der zu den Stallungen führte.

Als der Millionär ein paar Jahre später in eine schwere Finanzkrise geriet, konnte er den Unterhalt für Casa Loma nicht mehr bezahlen (allein die Heizkosten lagen bei 15 000 Dollar im Jahr). Mehrfach wechselte das Schloss den Besitzer, heute gehört es der Stadt. Wer Torontos Wolkenkratzer einmal aus einer ungewöhnlichen Perspektive fotografieren will, sollte auf einen der *Türme* hinaufsteigen. Wer mit dem nötigen Kleingeld ausgestattet ist, kann die Burg zu festlichen Anlässen auch mieten.

In der Nachbarschaft erhebt sich das **Spadina Mansion** 23 (285 Spadina Road, Di–Fr 12–16, Sa/So 10–17 Uhr), ein viktorianisches Anwesen der Bankiersfamilie Austin, die die Toronto Dominion Bank gegründet hatte. Das 1866 errichtete Haus wirkt repräsentativ und macht im Gegensatz zu Casa Loma nicht den Eindruck, der ehemalige Besitzer sei skurril oder exzentrisch gewesen.

Geht man auf der Spadina Road ein Stück zurück und biegt dann links in die Bloor Street West ein, erreicht man den gewaltigen Klotz des **Royal Ontario Museum** 24 (100 Queen's Park, tgl. 10–18, Fr bis 21.30 Uhr, www.rom.on.ca; *Dinosaur Gallery* bis 2007 geschl.). Zusammen mit dem benachbarten *Gardiner Museum of Ceramic Art* und dem *McLaughlin Planetarium* bildet das ROM einen der größten Museumskomplexe der Welt. Die *Sammlungen* reichen von Archäologie über Mineralogie bis hin zu chinesischen Kunstgegenständen aus mehreren Jahrtausenden. Daneben gibt es eine ägyptische und nubische Abteilung. Bemerkenswert ist auch das pädagogische Konzept, das mittels einer *Discovery Gallery*, in der die Kinder selbstständig oder unter Anlei-

Die ›Lacon Mountains‹ von Lawren S. Harris in der Art Gallery of Ontario

Group of Seven

Die Group of Seven hat im frühen 20. Jh. der kanadischen **Landschaftsmalerei** erstmals eigene künstlerische Impulse gegeben. Hatten Künstler in Kanada lange Zeit europäische Maler und deren Sujets mehr oder weniger kopiert, so rückte nun die heimatliche Wildnis in den Mittelpunkt des Schaffens von Frank Carmichael, Franz Johnston, Lawren S. Harris, A. Y. Jackson, Arthur Lismer, Frederick Varley und J. E. H. MacDonald.

Die sieben Maler schlossen sich zu einer Künstlergruppe namens Group of Seven zusammen und stellten ihre Werke 1920 in Toronto erstmals gemeinsam aus. Ihre künstlerischen **Inspirationen** zogen sie aus langen Aufenthalten in der Natur Nord-Ontarios. Doch erst Jahre später wurden ihre Arbeiten auch national und international anerkannt. Die **Philosophie** dieser Künstlergruppe umfasste sogar patriotisch-politische Ideen, denn sie betrachtete die Schaffung einer eigenständigen kanadischen Kunst als Voraussetzung für die Herausbildung einer Nation.

tung Experimente durchführen können, spielerisch Themengebiete des Museums erläutert.

Verlässt man das Museum an der Queens Park Road und hält sich südwärts, stößt man nach wenigen Minuten auf den gepflegten **Queen's Park** 25. Die *Reiterstatue von König Edward VII.*, die sich heute auf dem Rasen erhebt, befand sich ursprünglich im Edward Park in Delhi und wurde den Kanadiern 1969 von der indischen Regierung zum Geschenk gemacht.

Blickpunkt der Grünanlage ist jedoch das 1892 im neugotischen Stil fertig gestellte **Parliament Building** 26, in dem das Provinzparlament von Ontario tagt. Mit dem Rücken zum Gebäude steht die *Statue von Sir John A. MacDonald*, dem ersten kanadischen Premierminister (1867–73), der im Alter von fünf Jahren aus Schottland einwanderte und später Chef der Conservative Party wurde.

Westlich angrenzend erstreckt sich der riesige Campus der **University of Toronto** 27 – neben der McGill University in Montréal [s. S. 65] die renommierteste Hochschule Kanadas. Hier entdeckten die Forscher Banting und Best 1921 das Insulin, hier wurde der erste Herzschrittmacher entwickelt.

Etwa 10 km nordöstlich der Downtown, zu erreichen über die Bloor Street und den Gardiner Expressway, lohnt ein Besuch des **Ontario Science Centre** 28 (770 Don Mills Road, tgl. 10–17 Uhr, www.ontariosciencecentre.ca). Dieses naturwissenschaftlich-technisch ausgerichtete Zentrum ist eine gelungene Mischung aus Museum und Experimentierwiese für Technikbegeisterte.

Für den großen Kaufrausch sorgt hingegen *Vaughan Mills* (1 Bass Pro Mills Drive, Vaughan, Mo–Sa 10–21, So 11–19 Uhr) etwa 30 km nördlich von Torontos Downtown. Das Shopping Center lockt jedoch nicht nur mit Outlet-Stores, sondern auch mit verschiedenen Restaurants und vielfältigen Unterhaltungsangeboten.

Toronto Islands

Nicht weit außerhalb des Stadtzentrums liegt der Lake Ontario mit den **Toronto Islands** 29. Mit der Fähre kann man auf die künstlich aufgeschütteten, miteinander verbundenen Inseln übersetzen und wird mit einem prächtigen *Blick* zurück auf die glitzernde Skyline der Stadt belohnt. Die Inseln sind mittlerweile zu einem riesigen *Erholungsgelände* ausgebaut worden, das für jeden etwas bietet, vom *Flugplatz* für Propellermaschinen über Sport- und Picknickplätze für die Familie bis hin zu einem *Amusement Park*.

Toronto Islands – vom Jachthafen der Insel bietet sich ein schöner Blick auf die Stadt

Ausflug

Eine knappe Autostunde nordwestlich von Toronto (über QEW, Hwy 427 und 27) bietet der Ort **Kleinburg** einen Schatz besonderer Art, die *McMichael Canadian Art Collection* (10365 Islington Avenue, (tgl. 10–16 Uhr, www.mcmichael.com). Das Ehepaar McMichael baute im Laufe von vielen Jahren eine außergewöhnlich umfangreiche Sammlung kanadischer Kunst auf und vermachte die mittlerweile auf mehr als 5000 Exponate angewachsene Kollektion der Provinz Ontario. Schwerpunkte des Museums sind neben Arbeiten der *Group of Seven* auch Werke der indianischen Ureinwohner sowie der Inuit. Ein Muss für Freunde der kanadischen Kunst.

Frohsinn, Kunst und Fantasie – Mariposa Festival auf den Toronto Islands

Praktische Hinweise

Information

Toronto Convention & Visitors Association, 207 Queens Quay West, Toronto, Tel. 416/203-26 00 oder gebührenfrei 1-800/499-25 14, Fax 416/203-67 53, www.torontotourism.com

Hotels

*****__Four Seasons Toronto__, 21 Avenue Road, Toronto, Tel. 416/964-04 11, Fax 416/964-23 01, www.fourseasons.com. Die Nummer eins der Stadt liegt im schicken In-Viertel Yorkville.

*****__The Fairmont Royal York__, 100 Front Street, Toronto, Tel. 416/368-25 11, Fax 416/368-90 40, www.royalyork hotel.com. Die große alte ›Dame‹ der Torontoer Hotellerie beim Hauptbahnhof [s. S. 23].

TOP TIPP ****__Renaissance Toronto Hotel Downtown__, 1 Blue Jays Way, Toronto, Tel. 416/341-71 00, Fax 416/341-50 91, www.renaissance hotels.com. Sportlich-elegantes Hotel, Zimmer teils mit Blick auf die riesige Sportarena Skydome. Originelles Design.

***__Holiday Inn on King__, 370 King Street West, Toronto, Tel. 416/599-40 00, Fax 416/599-73 94, www.hiok.com. Gute Lage, ordentliches Preis-Leistungs-Verhältnis.

Restaurants

Bar Mercurio, 270 Bloor Street West, Toronto, Tel. 416/960-38 77. Von Snacks bis zum Menü reicht die Palette.

Crocodile Rock, 240 Adelaide Street West, Toronto, Tel. 416/599-97 51. Ob leckere Ofenpizza oder laute Dance Floor Music, für fast jeden Geschmack ist etwas dabei.

Denison's Brewing Company, 75 Victoria Street, Toronto, Tel. 416/360-58 77. Rustikales Essen und selbst gebrautes Bier aus der ›Micro-Brewery‹.

TOP TIPP **Filet of Sole**, 11 Duncan Street, Toronto, Tel. 416/598-32 56. Unkonventionelles Fischrestaurant mit Austernbar und guter Weinkarte.

Ruth's Chris Steakhouse, 145 Richmond Street West, Toronto, Tel. 416/955-14 55. Große Prime Ribs zu großen Preisen.

2 Niagara-on-the-Lake

Architektonisches Kleinod mit weithin bekanntem Shaw Festival.

Eine gute halbe Autostunde östlich von Hamilton liegt eine der schönsten Kleinstädte Kanadas. In dem überaus pittoresken Ort Niagara-on-the-Lake (12 000 Einw.) scheint die Zeit irgendwo in der Mitte des 19. Jh. stehen geblieben zu sein. Schattige Laubbäume bilden hübsche Alleen, hinter Vorgärten thronen herrschaftliche Villen. Wohlhabende Torontonians erholen sich in ihren Sommerhäusern vom Großstadtstress.

Die Haupteinnahmequelle ist der *Tourismus*. Besonders die Monate Juli und August lassen die Einwohnerzahl der kleinen Stadt bisweilen beträchtlich anschwellen. Wer es etwas beschaulicher mag, sollte entweder unter der Woche kommen oder in der Nebensaison.

Sehenswert sind die kleinen Einzelhandelsgeschäfte an der **Queen Street**, die beinahe musealen Charakter haben. Das **Niagara Historical Society Museum** (43 Castlereagh Street, Mai–Okt. tgl. 10–17.30, Nov.–April tgl. 13–17 Uhr) informiert über die Geschichte des im 19. Jh. weitaus bedeutenderen Städtchens, das zwischen 1791 und 1797 sogar die Hauptstadtwürde von Upper Canada innehatte.

Das am Niagara River Parkway gelegene **Fort George** (Mai–Okt. tgl. 10–17 Uhr) erinnert an die blutigen Amerikanisch-Britischen Auseinandersetzungen, die zwischen 1797 und 1820 immer wieder zur Zerstörung der Befestigungsanlage führten. Zu besichtigen sind die Offiziersquartiere, Baracken, der Wachraum, die Küche und das Pulvermagazin.

Landesweit bekannt ist das jährliche **Shaw Festival** (www.shawfestival.com), bei dem von Mai bis Oktober Stücke des irischen Nobelpreisträgers George Bernard Shaw sowie seiner Zeitgenossen aufgeführt werden.

Die Gegend um Niagara-on-the-Lake gilt aufgrund ihres milden Mikroklimas als Zentrum des *Weinbaus* in Kanada. Weingüter wie die **Hillebrand Winery** (1249 Niagara Stone Road, Tel. 905/468-71 23) können besichtigt werden. Nach der obligatorischen Weinprobe hat man Gelegenheit, den einen oder anderen edlen Tropfen zu kaufen.

i Praktische Hinweise

Information

Chamber of Commerce, 26 Queen Street, Niagara-on-the-Lake,
Tel. 905/468-42 63, Fax 905/468-49 30,
www.niagaraonthelake.com

Hotel

******The Pillar and Post Inn**,
48 John Street, Niagara-on-the-Lake,
Tel. 905/468-21 23, Fax 905/468-35 51,
www.vintageinns.com. Stilvolles Haus, vornehme Atmosphäre.

3 Niagara Falls

TOP TIPP *Die Totalvermarktung eines grandiosen Wasserfalls.*

Der Zufahrtsweg zu Kanadas größter Touristenattraktion, den Niagara-Fällen, könnte selbst ohne Hinweisschilder aufgrund der unzähligen Busse und Autos

len Kopf und Kragen riskierten, um sich mit Booten, Regentonnen oder sonstigen mehr oder weniger tauglichen Hilfsmitteln die Wasserfälle hinabzustürzen. Mittlerweile sind solche lebensgefährlichen Aktionen zwar verboten, doch finden sich auch heute noch immer wieder einzelne Daredevils, die mit viel Fantasie die Naturgewalten herauszufordern versuchen. 1941 wurde die **Rainbow Bridge** eröffnet, die den Grenzverkehr zwischen den USA und Kanada regelt. 1951 schließlich einigten sich die beiden Staaten in einem Abkommen auf die gemeinsame Nutzung der Wasserfälle zur Stromerzeugung.

Besichtigung Steuert man einen der riesigen Parkplätze an, bevor man einen Blick auf die Wasserfälle werfen konnte, mag man zunächst vom Rummel der Andenkenbuden, Snackbars und Fast-Food-Ketten abgeschreckt sein. Doch wer dem donnernden Lärm folgt und seinen Blick kaum verpasst werden. Fast 14 Mio. Besucher (darunter viele ›Honeymooner‹) machen sich jedes Jahr auf, die ›donnernden Wasser‹ – was das Irokesenwort ›Niagara‹ bedeutet – zu bestaunen.

Niagara Falls – als großartiges Panorama vom Skylon Tower **(oben)** *oder auf Tuchfühlung mit der Maid of the Mist* **(unten)**

Geschichte Während die lokalen Indianerstämme die Wasserfälle vermutlich schon immer kannten, war es ein Europäer, der Jesuit *Louis Hennepin*, der als erster Weißer die Fälle 1678 entdeckte. Nachdem der Amerikanisch-Britische Krieg durch den *Friedensvertrag von Gent* beendet und der **Grenzverlauf** zwischen beiden Staaten festgelegt worden war, begann die unterschiedliche Entwicklung der beiden Städte Niagara Falls auf amerikanischer und kanadischer Seite. Die ersten **Touristen** kamen bereits Mitte des 19. Jh. mit der neu gebauten *Eisenbahn* nach Niagara Falls. Und schon 1846 fuhr die berühmte *Maid of the Mist* Bootsausflügler an die Wasserfälle heran. 1885 wurde die *Niagara Parks Commission* gegründet. Ihre Aufgabe war der Schutz der Natur und somit auch der Wasserfälle.

Im 20. Jh. wurde ein neues Kapitel im Niagara-Tourismus aufgeschlagen: Verstärkt traten nun **Daredevils**, wagemutige Abenteurer, auf den Plan, die biswei-

Über den Strudeln schweben – mit dem Whirlpool Aero Car in sicherer Höhe

auf die gigantischen Fälle richtet, der kann nicht umhin, von dem Naturschauspiel fasziniert zu sein.

Genau genommen gibt es nicht nur zwei Städte namens Niagara Falls, sondern auch zwei Wasserfälle. Der kanadische ist jedoch der eigentliche Star. Hufeisenförmig – deshalb der Name **Horseshoe Falls** – stürzen bis zu 170 Mio. Liter pro Minute über eine Breite von 670 m etwa 54 m in die Tiefe. Nur zehn Prozent der Menge sind es bei den **American Falls**, wo das Wasser auf einer Breite von 320 m gut 56 m hinabrauscht. Fast ein Rinnsal ist im Vergleich dazu der kleine Wasserfall *Bridal Veil* (›Brautschleier‹) neben den amerikanischen Fällen. Zwischen Horseshoe und American Falls befindet sich die kleine Insel *Goat Island*, an der der Niagara River seine Wassermassen links und rechts vorbeidrückt.

Die Niagara-Fälle wandern, im wahrsten Sinne des Wortes. Jährlich um gut 1 m weicht die Abbruchkante aufgrund des an dieser Stelle porösen Untergrundes zurück. Unterhalb der Wasserfälle hat sich der Niagara River im Laufe der Zeit tief in das Gestein eingegraben und so einen kleinen Canyon mit zum Teil gefährlichen Stromschnellen herausgebildet.

Der Klassiker unter den vielen Besichtigungsmöglichkeiten ist seit über 150 Jahren die halbstündige Gischtfahrt am Fuß der Fälle mit den Booten der **Maid of the Mist** (Mai–Mitte Okt. tgl. alle 15–30 Min., www.maidofthemist.com). Sie bieten auf jeder Fahrt Platz für mehrere hundert Besucher, die in blauen Plastiküberzügen versuchen, sich und ihre Kameras vor den Wassermassen zu schützen.

Eine andere Annäherung an das tosende Nass erlebt man bei der **Journey behind the Falls** (März–Sept. tgl. 9–20, sonst bis 17 Uhr): Vom Table Rock fährt ein Lift hinab in die Felswand hinter den Horseshoe Falls. Dort angekommen, gelangt

Da bleibt kein Auge trocken – auf der Journey behind the Falls **(links)** *unter den Wasserfällen oder auf Clifton Hill* **(rechts)** *in kuriosen Museen für die Lachmuskeln*

man durch mehrere Tunnel direkt hinter die Wasserwand und erhält so ganz ungewöhnliche Einblicke in die Niagara-Fälle.

Eine weitere Perspektive auf das Naturschauspiel eröffnet der **Skylon Tower** (Juni–Sept. tgl. 10–1 Uhr, sonst bis 23 Uhr), eine Art Miniaturausgabe des CN Towers von Toronto [s. S. 21]. Mit einem Fahrstuhl fährt man hinauf zu dem in etwa 200 m Höhe gelegenen *Observation Deck* und staunt über das außergewöhnliche Panorama der Wasserfälle, des Niagara River und der Stadt. Im Turm befinden sich mehrere Restaurants.

Wer sich ins Andenken- und Einkaufsgetümmel stürzen will, begibt sich in die **Clifton Street**. Dort findet man vom Museum bis zum Hotel, vom Restaurant bis zur Boutique alles, was sich zum Geldausgeben eignet.

Auf *Clifton Hill* befinden sich einige mehr oder weniger sinnvolle Museen. Das **Ripley's Believe It or Not Museum** stellt mehr als 500 ›unglaubliche‹ Stücke aus dem Kuriositätenkabinett vor. Zudem gibt es hier zahlreichen Wachsfigurenkabinette. Und auch ein berühmter Name darf nicht fehlen: Das **Guinness World of Records Museum** präsentiert Repliken und Originale aus dem gleichnamigen Buch der Rekorde (alle Museen tgl. 9–23 Uhr, im Sommer bis 1 Uhr).

Wer einen kurzen Abstecher in die USA machen will, kann über die **Rainbow Bridge** einreisen (gültiger Reisepass genügt) und der Schwesterstadt einen Besuch abstatten.

Weiter Richtung Norden gelangt man nach wenigen Kilometern zur nostalgisch anmutenden Seilbahn **Whirlpool Aero Car** (Niagara Parkway, März–Sept. tgl. 9–20, sonst bis 17 Uhr), die über die *Whirlpool* genannte Ausstülpung des Flusses gondelt. Dort unten verwirbeln die Wassermassen zu Strudeln, doch aus sicherer Entfernung lassen sich gute Fotos schießen.

Praktische Hinweise

Information

Niagara Falls Tourism, 5515 Stanley Avenue, Niagara Falls, Tel. 905/356-60 61, Fax 905/356-55 67, www.niagarafallstourism.com

Hotels

****__Sheraton Fallsview__, 6755 Fallsview Blvd., Niagara Falls, Tel. 905/374-10 77, Fax 905/374-62 24, www.fallsview.com. Haus der gehobenen Kategorie mit Zimmern, die überwiegend einen grandiosen Blick auf die Wasserfälle bieten.

***__Holiday Inn by the Falls__, 5339 Murray Street, Niagara Falls, Tel. 905/356-13 33, Fax 905/356-71 28, www.holidayinn.com. Zentral gelegenes modernes Hotel.

***__Old Stone Inn__, 5425 Robinson Street, Niagara Falls, Tel. 905/357-12 34, Fax 905/357-92 99, www.oldstoneinn.on.ca. Angenehmes kleineres Haus in einer alten Getreidemühle.

Weinbau in der Niagara-Region – Edles zum Kosten in der Inniskillin Winery

Süffige Entdeckungen

Kanada steht selbst bei europäischen Kennern nicht unbedingt auf der Weinkarte. In der Gegend rund um Niagara-on-the-Lake haben vor allem deutsche und österreichische Winzer in den 70er-Jahren des 20. Jh. die ersten **Weingüter** aufgebaut. Namen wie Hillebrand oder Konzelmann sprechen für sich. Obwohl Kanada den Ruf hat, ein raues und kaltes Land zu sein, erfreut sich gerade die Region rund um die Niagara-Fälle an einem **Mikroklima**, das den Weinanbau besonders begünstigt. Der Ontario-See speichert Wärme und gibt sie nach und nach wieder ab. Außerdem sind die Temperaturen durch die höhere Luftfeuchtigkeit und mehr Niederschläge etwas milder als in den Gebieten weiter nördlich oder östlich. Inzwischen haben einige der edlen Tropfen sogar **Goldmedaillen** bei internationalen Wettbewerben zugesprochen bekommen.

Restaurants

Skylon Revolving Dining Room, 5220 Robinson Street, Niagara Falls, Tel. 905/356-26 51. Drehrestaurant im Skylon Tower mit spektakulärem Ausblick.

Table Rock Restaurant, Queen Victoria Park, Niagara Falls, Tel. 905/354-36 31. An den Horseshoe Falls: Bezahlbare kanadische Küche und Weine aus der Gegend bei unbezahlbarem Blick.

4 Kitchener/Waterloo

Deutsche Einwanderer prägen das Gesicht der Doppelstadt.

Die Landschaft ist eintönig, der Boden fruchtbar, die Namen der Städte und Dörfer klingen vertraut: Heidelberg, Hanover und Holstein, und selbst die größte Stadt Kitchener hieß bis Anfang des 20. Jh. noch Berlin.

Die Doppelstadt Kitchener/Waterloo liegt eine gute Autostunde westlich von Toronto. Rund 300 000 Einwohner leben hier, etwa die Hälfte von ihnen hat deutsche Vorfahren, die sich in mehreren Einwanderungsschüben überwiegend im 19. Jh. ansiedelten. Viele von ihnen gehören der Glaubensgemeinschaft der *Mennoniten* an.

Farmer's Market in St. Jacobs: Mennoniten verkaufen frischen Ahornsirup

In ganz Nordamerika berühmt ist das **Oktoberfest**, nach dem Münchner ›Original‹ das zweitgrößte der Welt.

Auf dem **Farmer's Market** in Waterloo bieten Mennoniten jeden Samstag ihre frischen Produkte feil. Die Angehörigen der konservativ gesinnten Glaubensgemeinde tragen vielfach noch die schlichte traditionelle Kleidung.

Für Kinder bietet das **Waterloo Regional Children's Museum** (10 King Street, Di–Sa 10–17, So 12–17 Uhr, www.wrcm.ca) allerlei Spass. Eine auch für Erwachsene interessante Entdeckungstour über vier Stockwerke führt spielend in die Geheimnisse von Kunst und Technologie ein und bietet genügend Möglichkeiten für eigene Experimente z.B. *Grand River Play*, *Construction Alley*, *Gear Wall* u.a.

Wer Interesse an kanadischer Politik und Geschichte mitbringt, ist gut im **Woodside National Historic Park** (528 Wellington Street North, Juni–Nov. tgl. 10–17 Uhr) aufgehoben. Hier steht das Haus, in dem der frühere Premierminister Mackenzie King aufwuchs. Zugleich geben die restaurierten Räume einen Einblick in das großbürgerliche Leben des ausgehenden 19. Jh.

Wer mehr über das zurückgezogene Leben der Mennoniten wissen will, ist in dem wenige Kilometer nördlich (Hwy 86) gelegenen hübschen Dorf **St. Jacobs** (www.stjacobs.com) genau richtig. Im *Visitor Centre The Mennonite Story* (1408 King Street, April–Weihn. Mo–Sa 11–17, So 13.30–17, Jan.–März Sa 11–16.30, So 14–16.30 Uhr) kann sich der Besucher auf eine Multimedia-Reise in die Geschichte und den Alltag dieser Glaubensgemeinschaft begeben.

i Praktische Hinweise

Information

Kitchener/Waterloo Tourism, 191 King Street West, Kitchener, Tel. 519/745-35 36, Fax 519/745-32 18, www.kw-visitor.on.ca

Hotels

******Delta Kitchener-Waterloo**, 105 King Street East, Kitchener, Tel. 519/744-41 41, Fax 519/578-68 89, www.deltahotels.com. Modernes 200-Zimmer-Hotel direkt am Farmer's Market.

******Holiday Inn**, 30 Fairway Road South, Kitchener, Tel. 519/893-12 11, Fax 519/894-85 18, www.holiday-inn.com. Haus mit den üblichen Annehmlichkeiten einer großen Kette.

Auf dem Heimweg vom sonntäglichen Gottesdienst Mennoniten in St. Jacobs

5 Windsor

Nur durch eine Brücke und einen Tunnel ist Windsor von der großen amerikanischen Automobilstadt Detroit getrennt.

Im äußersten Südzipfel Kanadas liegt die Stadt Windsor, die 1830 von Franzosen gegründet wurde, nachdem auf der anderen Seite des heutigen Grenzflusses bereits mehr als ein Jahrhundert zuvor ein *Handelsposten* der Franzosen errichtet worden war. Die Briten eroberten beide Ansiedlungen, verloren Detroit jedoch im Unabhängigkeitskrieg an die Amerikaner. Der *Detroit River*, an dem beide Städte liegen, ist einer der verkehrsreichsten Flüsse der Welt. Schließlich muss der Nachschub für die ›Motor City‹ rollen. Windsor und die fast zehnmal so große Millionenmetropole Detroit sind durch die *Ambassador-Bridge* und den *Detroit-Windsor-Tunnel* miteinander verbunden.

Hauptattraktion ist die **Art Gallery of Windsor** (401 Riverside Drive West, Mi/Sa/So 11–17, Do/Fr 11–19 Uhr, www.agw.ca), deren sammlerischen Schwerpunkte auf zeitgenössischen kanadischen Künstlern, Werken der europäischen Moderne sowie der Inuitkunst liegen.

Der **Fort Malden National Historic Park** (100 Laird Avenue, Amherstburg, Mai–Okt. tgl. 10–17, sonst So 13–17 Uhr) ist ein Denkmal der Militärgeschichte. Erbaut wurde die Anlage 1796 von den Engländern. Vor allem 1812–15 im Amerikanisch-Britischen Krieg war das Fort von hoher strategischer Bedeutung.

Ausflug

Rund 100 m südöstlich von Windsor liegt der 20 km² große **Point Pelee National Park**, der in weiten Teilen aus Marschland besteht und ein wahres *Vogelparadies* ist. Viele Besucher kommen aber auch wegen des subtropischen *Baumbestandes*. Walnussbäume z. B., sonst eher selten in Kanada, gedeihen prächtig in dem milden Mikroklima.

i Praktische Hinweise

Information

Convention and Visitors Bureau, 333 Riverside Drive West, Suite 103, Windsor, Tel. 519/255-65 30, Fax 519/255-61 92, www.visitwindsor.com

Nicht nur für Ornithologen ein Erlebnis: Silberreiher im Point Pelee National Park

Hotels

******Hilton Windsor**, 277 Riverside Drive West, Windsor, Tel. 519/973-55 55, Fax 519/973-16 00, www.hilton.com. Modernes Hotel in zentraler Lage mit Sauna und Pool.

*****Ramada Plaza Hotel & Suites**, 430 Ouellette Avenue, Windsor, Tel. 519/256-46 56, Fax 519/256-97 45, www.ramadawindsor.com. Mittelklassehotel, das auch gehobenen Ansprüchen genügt.

6 Kingston

Die ehemalige Hauptstadt von Ober- und Unterkanada ist heute ein beliebter Ausgangspunkt für Fahrten ins Labyrinth der ›Thousand Islands‹.

Das schmucke Kingston (60 000 Einw.) hat sich bis heute in vielen Winkeln seinen Kleinstadt-Charme bewahrt. 1673 als *Pelzhandelsposten* gegründet, später dann um das *Fort Frontenac* erweitert, erlangte Kingston aufgrund seiner Lage an der Mündung des **Rideau-Kanals** in den St. Lorenz schnell auch strategische Bedeutung. Der Kanal wurde zwischen 1826 und 1832 erbaut, um den Gütertransport gegenüber den Amerikanern besser absichern zu können als auf dem St.-Lorenz-Strom.

1841, als die beiden Provinzen Upper und Lower Canada zusammengelegt wurden, konnte sich Kingston kurzzeitig mit dem Titel ›Hauptstadt‹ schmücken. Doch schon nach drei Jahren wurde Montréal zur Kapitale erkoren. Heute lebt Kingston vom Ruf der guten alten Zeit und von den zahlreichen Touristen, die Millionen von Dollars in den Stadtsäckel spülen – was auch den Bildungseinrichtungen der Stadt zugute kommt. Hier befindet sich u. a. Kanadas älteste und eine der angesehensten Universitäten des Landes, die **Queens University**. Außerdem hat die kanadische Armee Kingston zu einem ihrer wichtigsten Ausbildungszentren gemacht.

Die größte Anziehungskraft bei den Besuchern der Stadt besitzt das **Old Fort Henry** (Hwy 2, Mitte Mai–Mitte Sept. tgl. 10–17 Uhr). 1812 wurde die mächtige Befestigungsanlage erbaut, um die Handelsschiffe auf dem St.-Lorenz-Strom zu schützen. Heute ist im Fort ein *militärgeschichtliches Museum* untergebracht. Während der Sommermonate schlüpfen Studenten und Kadetten in die Rotröcke von damals und blasen zum Zapfenstreich oder feuern die alten Kanonen ab. Von den Mauern genießt man einen schönen Blick über den Fluss zur Stadt.

Ins Zentrum von Kingston gelangt man über den *Lasalle Causeway*, zu dessen linker Hand die wichtigsten Sehenswürdigkeiten liegen. Immer ein gutes Fotomotiv geben die vielen viktorianischen Villen ab, die rund um die **Gore Street** zu finden sind.

Soldatenvergangenheit zum Leben erweckt – in der Uniform der Rotröcke spielen Museumsmitarbeiter im Old Fort Henry von Kingston zum täglichen Zapfenstreich

Von den Mauern des Old Fort Henry überblickt man die an der Mündung des Rideau-Kanals in den breiten St.-Lorenz-Strom gelegene Stadt Kingston

Im **Bellevue House National Historic Site** (35 Centre Street, Juni–Aug. tgl. 9–18, April/Mai/Sept./Okt. tgl. 10–17 Uhr) lebte einige Jahre lang *John A. MacDonald*, Kanadas erster Premierminister (1867–73). Das Haus ist stilgerecht mit Möbeln aus der Mitte des 19. Jh. eingerichtet. Kostümierte Mitarbeiter veranschaulichen eindrucksvoll, wie die Bewohner jener Zeit gelebt und gearbeitet haben.

Die **City Hall** (216 Ontario Street, Mo–Fr 8.30–16.30 Uhr) aus dem Jahre 1841 ist recht bombastisch geraten. Der ausladende Kuppelbau wurde in der Erwartung errichtet, dass Kingston länger als nur drei Jahre Hauptstadt bleiben würde.

Darüber hinaus besitzt Kingston mehrere lohnende Museen: Im **Marine Museum of the Great Lakes** (55 Ontario Street, Mai Okt. tgl. 10–17, Nov.–April Mo–Sa 10–16 Uhr) wird die Entwicklung der Schifffahrt auf den Großen Seen nachgezeichnet.

Eine ausgefallene Sammlung stellt das **Correctional Service of Canada Museum** dar (555 King Street West, Mai–Okt. Mo–Fr 9–16, Sa/So 10–16 Uhr, www.csc-scc.gc.ca). Hier wird mit Objekten aus kanadischen Gefängnissen die frühe Geschichte der Kingstoner Strafanstalt und das Leben der Insassen illustriert.

Technikfans werden vom **Pump House Steam Museum** (55 Ontario Street, Mai–Sept. tgl. 10–17, Okt.–April Mo–Sa 10–16 Uhr) angetan sein. Die Pumpstation von 1849 wurde restauriert und zeigt Pumpen sowie Dampfmaschinen aller Art.

Im Hafen starten die Ausflugsboote zu den **Thousand Islands**. Tatsächlich sind es annähernd 1800 Inseln, die sich im Mündungsgebiet des St. Lorenz in den Ontario-See befinden. Der Name ›Thousand Islands‹ mag manchem irgendwie vertraut klingen. Richtig: das berühmte Salatdressing. Der exzentrische Millionär *George Boldt*, dessen Familie aus Deutschland stammte und dem auch das **Boldt Castle** auf Heart Island (USA) gehörte, kreierte die Salatsoße und benannte sie nach dieser Region. Wer sich zuvor am nahen Grenzübergang ein Immigration Visum in die USA besorgt hat, kann die Kreuzfahrttour bei dem sehenswerten Schloss unterbrechen.

i Praktische Hinweise

Information

Kingston Tourist Information Office, 209 Ontario Street, Kingston, Tel. 613/548-44 15, Fax 613/548-45 49, www.tourism.kingstoncanada.com

Hotels

*****Hochelaga Inn**, 24 Sydenham Street South, Kingston, Tel. 613/549-55 34, Fax 613/549-78 70, www.hochelagainn.com. Zurück in die Vergangenheit in diesem viktorianischen Haus mit seinen zwei Dutzend Zimmern.

*****Radisson Hotel Kingston Harbourfront**, 1 Johnson Street, Kingston, Tel. 613/549-81 00, Fax 613/547-32 41, www.radisson.com/kingstonca. Gehobenes Mittelklassehaus mit Blick auf den Ontario-See.

Restaurants

Clark's on King, 300 King St. East, Kingston, Tel. 613/542-27 61. Schickes, französisch inspiriertes Restaurant.

Kingston Brewing Company, 34 Clarence Street, Kingston, Tel. 613/542-49 78. ›Micro-Brewery‹ und Deftiges.

7 Upper Canada Village

Eines der schönsten historischen Dörfer in einem der bekanntesten Freilichtmuseen des Landes.

Das äußerst sehenswerte Museumsdorf Upper Canada Village (Mitte Mai–Sept. tgl. 9.30–17 Uhr, www.uppercanadavillage.com) ist über die County Rd. 2, ehem. Highway 2, zu erreichen. Im *Crysler's Farm Battlefield Park*, etwa 11 km östlich von Morrisburg gelegen, lässt es die Vergangenheit der frühen Siedler wieder aufleben. Seine Existenz verdankt es jedoch dem Fortschritt: Als in den 50er-Jahren des 20. Jh. der *St. Lawrence Seaway* errichtet wurde, um auch Ozeanriesen das Befahren des Flusses zu ermöglichen, mussten mehrere Ortschaften weichen, da sie sonst überflutet worden wären. Viele der aus dem 18. und 19. Jh. stammenden Häuser wurden abgebaut und an der heutigen Stelle des Freilichtmuseums wieder zusammengefügt. Insgesamt 35 Gebäude vermitteln ein anschauliches Bild vom Leben der Siedler, die sich um 1760 hier niedergelassen hatten. Museumsmitarbeiter in historischen Kostümen weben Stoffe, backen Brot oder stellen Butter her.

8 Ottawa

Plan Seite 40/41

Provinziell-charmante Hauptstadt mit Kunstanspruch.

Ottawa teilt das Schicksal von Städten wie Canberra oder einst Bonn. **Hauptstadt** oder Regierungssitz dürfen sie sich nennen, Metropole jedoch nicht. Angeblich hörte man früher gelegentlich den Satz »Das Beste an Ottawa ist der Zug nach Montréal« oder – wahlweise – »... das Flugzeug nach Toronto«. Aber diese wenig schmeichelhaften Aussagen wurden vermutlich von Bewohnern der beiden kanadischen Metropolen lanciert.

Ottawa heißt in der Indianersprache soviel wie ›Ort, an dem Handel betrieben wird‹. Laut anderen Quellen kann man es auch mit ›Ort, an dem sich die Wasser treffen‹ übersetzen. Tatsächlich liegt die Stadt am Zusammenfluss von *Ottawa, Rideau* und *Gatineau River*, wird vom Canal Rideau von Norden nach Süden durchzogen und wartet mit zahlreichen Seen in der Umgebung auf.

Die Einheimischen nennen ihre Stadt gern augenzwinkernd die zweitkälteste Hauptstadt der Welt (nach Ulan Bator in der Mongolei) – Ottawas Gewässer sind tatsächlich monatelang von einem *Eis*

Fast wie zu Großmutters Zeiten – Laden im Freilichtmuseum Upper Canada Village

Blick auf Ottawa – National Gallery of Canada (links), Canal Rideau (Mitte) und Parliament Hill (rechts) vom Nepean Point mit Indianerdenkmal (heute im Major's Hill Park)

panzer überzogen, der aber für sportliche Aktivitäten kräftig genutzt wird: Keinen ungewöhnlichen Anblick bietet so mancher Ministerialbeamte, der morgens auf dem Weg ins Büro in Anzug und Mantel mit Schlittschuhen über den Canal Rideau flitzt.

Während Ottawa auf dem Territorium Ontarios liegt, gehört die Schwesterstadt **Hull** bereits zur Nachbarprovinz Québec. So hat man auf wahrlich diplomatische Weise versucht, den schwelenden Konflikt zwischen Anglo- und Frankokanadiern – zumindest, was die Frage der Kapitale angeht – zu entschärfen. Neben Montréal ist die Doppelstadt, in deren Großraum rund 1 Mio. Menschen leben, allerdings die wohl ausgewogenste, was die Beeinflussung vonseiten der englisch- oder französischsprachigen Bevölkerung angeht. In früheren Tagen war Ottawa meist nur dann in den Schlagzeilen, wenn das Parlament tagte, die Steuern erhöht wurden oder ein Politskandal aufhorchen ließ. Inzwischen macht die Stadt immer häufiger durch Kunst von sich reden. Flaggschiffe des neuen Images als Kulturstadt ersten Ranges in Kanada sind die architektonischen Glanzlichter der *National Gallery of Canada* und des *Canadian Museum of Civilization*.

Geschichte Der erste Europäer, der das Gebiet des heutigen Ottawa erkundete, war im Jahre 1613 *Samuel de Champlain*. Ihm folgten Siedler, die den Holzhandel begründeten. Um 1800 etablierte der königstreue Loyalist *Philomen Wright* die erste permanente Siedlung in der Gegend des heutigen Hull.

Nach dem Krieg von 1812 bauten englische Pioniere unter Oberstleutnant *John By* den 202 km langen **Canal Rideau**. Der Aushub des künstlich geschaffenen Wasserweges hatte strategische Bedeutung: Er sollte künftig einen Zugang zum St. Lorenz ermöglichen, der vor weiteren Attacken der Amerikaner sicher war. Als der Kanal fertig gestellt war, wurde die Siedlung am nördlichen Ende nach dem leitenden Offizier **Bytown** genannt. Bis 1855 stieg die Zahl der Bewohner auf 10 000. Im selben Jahr erhielt die Stadt den Namen Ottawa.

1857 beendete Königin Victoria die Kontroverse um die Kapitale für die Provinz Upper and Lower Canada. Proteste waren zuvor aus Toronto und Kingston laut geworden, die sich selbst durchaus berechtigte Hoffnungen machten und Ottawa eher als provinzielles Kaff ansahen, in dem Schlägereien an der Tagesordnung waren. Doch der Siegeszug

Mit sonniger Gelassenheit – Rast im Café unter Arkaden nach der Stadtbesichtigung

Ottawas war nicht aufzuhalten. 1867 wurde es zur **Hauptstadt** des neu geschaffenen Dominion of Canada ernannt, wurde Sitz des nationalen Parlaments und der Regierung und erhielt pompöse Parlamentsgebäude nach dem Vorbild der Houses of Parliament in London.

Das heutige Stadtbild geht größtenteils auf den Franzosen *Jacques Gréber* zurück, der nach dem Zweiten Weltkrieg von Premierminister William Mackenzie King den Auftrag erhielt, Stadt und Umgebung ein neues Gesicht zu verleihen. Gréber ist es auch zu verdanken, dass Ottawa heute eine der grünsten Städte der Welt ist.

Besichtigung Der übersichtliche Innenstadtbereich Ottawas ist bequem zu Fuß bei einem Spaziergang zu erkunden. Einige am Rand des Zentrums oder in der nahen Umgebung gelegene Sehenswürdigkeiten, die einen Besuch lohnen, sind jedoch kaum ohne fahrbaren Untersatz zu erreichen. Es empfiehlt sich daher, die Besichtigung in zwei Etappen einzuteilen.

Parliament Hill und Wellington Street

Orientierungspunkt für Besucher ist der **Parliament Hill** 1 mit den weithin sichtbaren Regierungsgebäuden. Der große Komplex besteht aus dem *Centre Block*, dem *East Block* und dem *West Block*, deren grüne Kupferdächer ein markanter Blickfang sind. Vor dem Haupteingang wurde 1967, anlässlich des 100. Geburtstages von Kanada, die *Centennial Flame*, die Ewige Flamme, entzündet. Der an Sehenswürdigkeiten reizvollste Teil ist der im neugotischen Stil errichtete **Centre Block**, der bei einem großen Brand 1916 beinahe völlig zerstört wurde. Verschont blieb lediglich die *Parlamentsbibliothek*, deren Eisentüren am Eingang Mitarbeiter geistesgegenwärtig verschlossen hatten. Heute beherbergt sie rund 650 000 Bände. Die holzgetäfelte Rotunde mit dem weißen Denkmal von Queen Victoria in der Mitte ist ein würdiger Ort für bedeutende Studien. Überragt wird der Centre Block von dem gut 90 m hohen *Peace Tower*, der nach dem Wiederaufbau 1927 errichtet wurde. Von der Spitze des Turms genießt man einen *Panoramablick* auf Ottawa. Durch den Haupteingang gelangt man über grün-weiße Marmorböden zunächst in die *Confederation Hall*, danach in die *Hall of Honour*, die in ihrer Großartigkeit beide den Eindruck vermitteln, man befinde sich in einer Kathedrale. Links folgt das House of Commons, das Unterhaus, rechts das Oberhaus, der Senat (kostenlose Führungen etwa jede halbe Stunde). Während der Parlamentswochen im Sommer findet draußen auf der Grünfläche die tägliche Parade der rotlivrierten Wachsoldaten nach englischem Vorbild statt. Diese **Changing the Guard** genannte Wachablösung ist eine der großen Touristenattraktionen der Stadt.

Gotisches Formenspiel – Hall of Honour im Centre Block des Parliament Hill

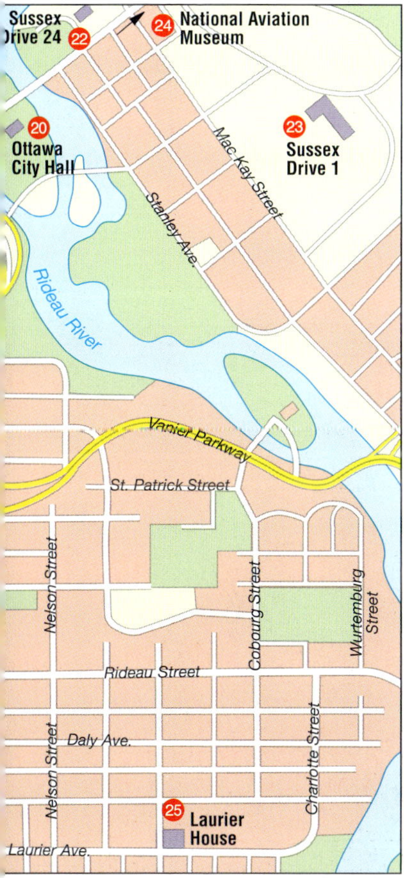

Im **East Block** des Parlamentskomplexes, der als ältester Teil zwischen 1859 und 1865 errichtet wurde, befinden sich die Kabinettsräume des Privy Council und die original erhaltenen Büros früherer Premierminister. Der **West Block** beher-

House of Commons – Kanadas Unterhaus tagt in feierlich prachtvollem Rahmen

bergt Abgeordneten- und Senatorenbüros. Von der Rückseite des Parlamentsgebäudes genießt man einen weiten Blick auf den Ottawa River, durch dessen Mitte die Provinzgrenze zwischen Ontario und Québec verläuft. Mit einem Blick nach rechts ist die *Alexandra Bridge* zu sehen, die sich nach Hull hinüberspannt.

Lässt man Parliament Hill hinter sich und spaziert auf der Wellington Street weiter nach Westen, so taucht rechter Hand der **Supreme Court** 2, Kanadas Oberstes Gericht, auf. Das Gebäude ähnelt einem französischen Château.

Parliament Hill in Ottawa – die Houses of Parliament mit Big Ben in London waren unverkennbar Vorbild für die kanadischen Regierungsgebäude

Über acht Schleusen geht es auf dem Canal Rideau 24 m abwärts zum Ottawa River

Auf derselben Straßenseite stehen die **National Archives of Canada** 3 (395 Wellington Street), die Nationalbibliothek, in der das gesamte publizistische Erbe des Landes gesammelt wird. Mehr als 60 Mio. Manuskripte sowie 1 Mio. Zeichnungen und Karten lagern in den Archiven.

Auf dem Weg zurück ins Zentrum sollte man durch Ottawas beliebteste Fußgängerzone, die **Sparks Street Mall** 4, schlendern, in der sich Geschäfte, Restaurants und Kneipen aneinander reihen. Gleich an der Ecke Kent Street liegt auch das Gebäude der Bank of Canada mit dem **Currency Museum** 5 (245 Sparks Street, Mai–Aug. Mo–Sa 10.30–17, So 13–17 Uhr, sonst Mo geschl., www.currencymuseum.ca), in dem die Geschichte des (kanadischen) Geldes erzählt wird.

Spaziert man durch diese Einkaufsmeile Richtung Elgin Street, passiert man eine Reihe von modernen Skulpturen, etwa das Ensemble ›Joy‹ von Bruce Garner – vier nackte Menschen, die sich tanzend an den Händen halten. Drei Blocks weiter erreicht man den **Confederation Square** 6, auf dem sich das *War Memorial* zur Erinnerung an die Toten der Kriege erhebt.

Ein paar Schritte weiter befindet sich eine gute Adresse für den Abend. Im **National Arts Centre** 7 (www.nac-cna.ca) an der Elgin Street haben Oper, Theater, Ballett und klassische Musik eine Heimstatt gefunden. Neben der Oper (2326 Sitze) gibt es drei Theaterbühnen (von 85 bis fast 1000 Sitzplätzen) und ein ausgezeichnetes Restaurant, das sich schlicht *The Café* nennt.

Vom Canal Rideau zum Sussex Drive

An der Einmündung der Wellington in die Rideau Street erhebt sich das beeindruckendste Hotel der Stadt, das 1912 im neugotischen Stil erbaute **Château Laurier** 8. Neben dem Château Frontenac in Québec City [s. S. 74] und dem Royal York Hotel in Toronto [s. S. 23] ist es eines der Flaggschiffe der Hotelkette Fairmont. Am Kanal hinter dem Hotel liegt das *Canadian Museum of Contemporary Photography* (Mi–So 10–17, Do bis 20 Uhr, www.cmcp.gallery.ca), in dem Arbeiten zeitgenössischer kanadischer Fotografen ausgestellt sind.

Die Hotelterrasse führt direkt auf den **Canal Rideau** 9 und die an dieser Stelle befindlichen acht handbetriebenen Schleusen, die den Höhenunterschied von 24 m zum Ottawa River für die auf dem Kanal zugelassenen kleineren Boote überwinden helfen.

Auf der anderen Kanalseite kann das 1828 errichtete älteste Steinhaus der Stadt besichtigt werden. Heute hat sich hier das **Bytown Museum** 10 (Mitte Mai–Mitte Okt. Mo–Fr 10–17, Sa/So 10–16, April–Mitte Mai/Mitte Okt.–Nov. Mo–Fr 10–14 Uhr, www.bytownmuseum.com)

einquartiert, das die militärische und wirtschaftliche Entwicklung Ottawas seit der Gründungszeit, als die Stadt noch Bytown hieß, illustriert.

Zurück über die Schleusen lohnt ein Spaziergang durch den **Major's Hill Park** 11. Von der hügeligen Grünanlage genießt man einen guten Ausblick zum Parliament Hill, der sich hier als ideales Fotomotiv anbietet. Am Ende des Parks befindet sich ein weiterer Aussichtspunkt: **Nepean Point** 12. Dort ist dem französischen Forscher Samuel de Champlain ein *Denkmal* gewidmet, das den berühmten Mann in einer für ihn typischen Haltung darstellt: ein Gerät zur Standortbestimmung in den Händen, orientiert er sich in der fremden Umgebung.

In seinem Blickfeld am gegenüberliegenden Ufer des Ottawa River in Hull

Kulturgeschichte und Architektur der Moderne im Canadian Museum of Civilization

befindet sich das herausragende **Canadian Museum of Civilization** 13 (100 Laurier Street, Juli/Aug. tgl. 9–18, Do/Fr bis 21, Mai/Juni/Sept tgl. 9–18, Do bis 21, Okt.–April Di–So 9–17, Do bis 21 Uhr, www.civilization.ca), dessen Gebäude sich ganz futuristisch präsentiert. Es öffnete seine Pforten 1989, kurze Zeit nach der National Gallery of Canada. Entworfen wurden die beiden Flügel, der *Glacier Wing* und der *Canadian Shield Wing*, vom Architekten Douglas Cardinal. Die geschwungenen Linien des Gebäudes erinnern an die für Kanada so typischen Naturgewalten von Wasser und Eis, können aber auch als überdimensionaler und umgestülpter indianischer Einbaum interpretiert werden.

Spektakulär gleich zu Beginn des Rundgangs ist die knapp 1800 m^2 große **Grand Hall**: Gewaltige Totempfähle ragen bis unter die Decke – das Museum besitzt die reichhaltigste Sammlung indianischer Totempfähle der Welt –, und ein halbes Dutzend Holzhäuser erinnert an die sechs indianischen Stämme der kanadischen Westküste. Insgesamt wird die *Geschichte Kanadas* und die Besiedlung des zweitgrößten Landes der Erde zum Teil interaktiv vor dem Besucher ausgebreitet. Dabei werden sowohl die Leistungen der europäischen Einwanderer als auch die der indianischen Ureinwohner sowie der Inuit gewürdigt.

Nach diesem lohnenden Abstecher kann man über die Alexandra Bridge nach Ottawa zurückkehren, um die Stadtbesichtigung entlang des Sussex Drive fortzusetzen. Gleich an der St. Patrick Street erhebt sich die **Basilica Notre Dame** 14 mit ihren zwei Spitztürmen, die älteste Kirche Ottawas. Bereits 1846 begann man mit dem Bau, vollendet wurde er jedoch erst ein halbes Jahrhundert später. Das im neugotischen Stil errichtete Gotteshaus ist Sitz des Erzbischofs von Ottawa. Der *Innenraum* beeindruckt durch Holzschnitzereien und Glasmalereien religiöser Motive. Weiterhin sehenswert ist die *Casavan-Orgel* mit ihren 4000 Pfeifen.

In unmittelbarer Nachbarschaft, am Sussex Drive, glänzt die spektakuläre Glasfassade der **National Gallery of Canada** 15 (Mai–Sept. tgl. 10–17, Do bis 20, Okt.–April Mi–So 10–17, Do bis 20 Uhr, www.national.gallery.ca). Das von dem bekannten kanadischen Architekten *Moshe Safdie* entworfene Gebäude öffnete 1989 seine Pforten.

Glaspalast für eines der besten Kunstmuseen des Landes: National Gallery of Canada

Über eine ausladende, allmählich ansteigende Rampe nähert man sich den Meisterwerken, als ob der zu erwartende Kunstgenuss noch hinausgezögert und dadurch gesteigert werden sollte.

Blickfang ist die einem gotischen Turm nachempfundene *Glaskuppel* der **Great Hall**, die sowohl den gegenüberliegenden Rundbau der Parlamentsbibliothek interpretiert als auch die Türme der benachbarten Basilica Notre Dame. Im Inneren zeichnet das hereinfallende Tageslicht immer wieder neue geometrische Muster auf Decken und Wände, lassen Glas, Licht und Schatten fast künstlerische Reflexionen zu. Über die wahrhaft aufregende Glasarchitektur mit ihren Galerien, Atrien und Hallen kann man leicht die ausgestellten Exponate vergessen. Rund 40 000 Objekte umfasst das größte Museum des Landes, das in mehrere kanadische Abteilungen, eine amerikanische und eine europäische Galerie sowie eine Kollektion mit fotografischen Arbeiten unterteilt ist. Besonders sehenswert ist die Sammlung der Inuit, die einen guten Überblick über die Kunst der Eskimos gibt. Unter den ausgestellten Künstlern befinden sich neben den Mitgliedern der *Group of Seven* [s. S. 27] *europäische Meister* wie Rubens und Rembrandt, Picasso, Braque und Matisse sowie *amerikanische Maler* wie Jackson Pollock. Ein weiterer Höhepunkt ist der komplette Wiederaufbau der aus dem 19. Jh. stammenden *Rideau Street Convent Chapel* im Herzen der Galerie.

Auf dem Sussex Drive stadtauswärts passiert man zunächst das **Canadian War Museum** 16 (330 Sussex Drive, Juli/Aug. tgl. 9–18, Do/Fr bis 21, Mai/Juni/Sept tgl. 9–18, Do bis 21, Okt.–April Di–So 9–17, Do bis 21 Uhr, www.warmuseum.ca), in dem die kanadische Militärgeschichte präsentiert wird. Es schließt sich die **Royal Canadian Mint** 17 an (320 Sussex Drive, Juni–Aug. Mo–Fr 9–20, Sa/So 9–17.30, Sept.–Mai tgl. 9–17 Uhr, www.mint.ca). In der Königlichen Münzprägeanstalt, die trutzig wie eine schottische Burg wirkt, wird bis heute das kanadische Hartgeld geprägt, wenn auch die wichtigste Landesprägeanstalt mittlerweile in Winnipeg beheimatet ist. Freunde der Numismatik können an Führungen teilnehmen, beim Münzprägeprozess zuschauen und durch den Kauf von Münzen eventuell ihre Sammlung aufstocken.

Ein paar Blocks hinter der Basilica Notre Dame beginnt die York Street, über die man direkt zum **Byward Market** 18 gelangt. Diesen Marktplatz suchten Mitte des 19. Jh. die Farmer der Umgebung auf, um ihre frischen Agrarprodukte zu ver-

Süß und saftig oder herb und kräftig: Obst und Gemüse auf dem Byward Market

kaufen. Heute gibt es den Frucht- und Gemüsemarkt noch immer, doch hat sich die Gegend inzwischen mehr und mehr zu einem Trendviertel der Stadt entwickelt. Hier erledigt die elegante Diplomatengattin ebenso ihre Einkäufe wie der Student der Carleton University. Um die große *Markthalle* herum finden sich Kneipen, Restaurants, Straßencafés, Lebensmittelgeschäfte und Boutiquen.

Am Ufer des Ottawa River und rund ums Zentrum

Auf dem *Sussex Drive* stadtauswärts, immer mit schönem Blick auf den Ottawa River, erreicht man eine Reihe weiterer Sehenswürdigkeiten. Kurz hinter der MacDonald Bridge liegt der **National Research Council** ⑲, ein Komplex naturwissenschaftlicher Forschungslaboratorien. Angeschlossen ist die Nationalbibliothek der Wissenschaften, die wichtigste Bibliothek dieser Art in Kanada.

Fährt man auf der Sussex Road ein Stück weiter, erreicht man die **Ottawa City Hall** ⑳, die sich auf der kleinen Insel Green Island an der Mündung des Rideau River in den Ottawa River erhebt. Auch bei dem 1958 errichteten Rathaus hat der Architekt *Moshe Safdie* seine gestalterischen Spuren hinterlassen.

Nicht weit davon ergießt sich der Rideau River über die **Rideau Falls** ㉑ in den Ottawa River. Das französische Wort ›Rideau‹ prägten die ersten französischen Pioniere, da sie die Form des Wasserfalles an einen Vorhang erinnerte.

Überquert man den Rideau River, erreicht man nach etwa 500 m den **Sussex Drive 24** ㉒, eine wichtige Adresse der kanadischen Politik. Hier befindet sich der Amtssitz des Premierministers. Das stattliche, aber keineswegs pompöse Haus aus grauen Steinquadern liegt inmitten eines gepflegten Parks.

Im weiteren Verlauf des Sussex Drive erstreckt sich das schicke Diplomatenviertel *Rockcliffe*. Hinter der efeuumrankten Nummer **Sussex Drive 1** ㉓ verbirgt sich der Amtssitz des britischen Generalgouverneurs in Kanada, der als Stellvertreter der Queen fungiert. Teile der Residenz können in den Sommermonaten auch besichtigt werden.

Das nur wenige Kilometer weiter am Aviation Parkway gelegene **National Aviation Museum** ㉔ (Mai–Aug. tgl. 9–17, Sept.–April Mi–So 10–17 Uhr, www.aviation.technomuses.ca) ist Kanadas größtes Luftfahrtmuseum. 118 Flugzeugtypen, von der Anfangszeit der Pioniere der Lüfte bis zum High-Tech-Gerät des Düsenzeitalters, werden gezeigt.

Das **Laurier House** ㉕ (335 Laurier Avenue East/Chapel Street, Juni–Sept. Mo–Sa 9–17, So 13–17, April/Mai Mo–Fr 9–17 Uhr) im Osten der Stadt, das frühere Wohnhaus der Premierminister Wilfried Laurier und William Lyon Mackenzie, ist heute Museum und präsentiert historische Dokumente sowie persönliche Gegenstände der beiden Staatsmänner.

Besonders bei Kindern beliebt ist das **Canadian Museum of Nature** ㉖

(McLeod/Metcalfe Street, Mai–Sept. tgl. 9.30–17, Do bis 20, Mitte Okt.–April Di–So 10–17, Do bis 20 Uhr, www.nature.ca) im Süden des Zentrums, wartet es doch u. a. mit einem Dinosaurierskelett auf und entführt den Besucher in die Welt der Goldsucher. Während der bis 2009 andauernden Renovierungsarbeiten sind nicht alle Museumsräume geöffnet.

Nicht nur für technisch Interessierte lohnt das am östlichen Stadtrand angesiedelte **National Museum of Science and Technology** 27 (1867 St. Laurent Boulevard, Mai–Aug. tgl. 9–18, Sept.–April Di–So 9–17 Uhr, www.sciencetech.technomuses.ca) einen Besuch. Hier wird die Entwicklung von Technik und Wissenschaft anschaulich erklärt. Dabei reicht die Bandbreite von der Eisenbahn über funkelnde Oldtimer bis zur Weltraumtechnologie.

Luftfahrtgeschichte luftig präsentiert – National Aviation Museum in Ottawa

Gatineau Park

Wer dem Trubel der Stadt – auch wenn Ottawa niemals richtig hektisch wird – für einen Tag entfliehen möchte, findet mit dem **Gatineau Park** 28 eine nahe gelegene Oase der Ruhe. Diese 35 000 ha große Grünfläche, die sich bereits auf dem Gebiet der Provinz Québec erstreckt, erreicht man über den Highway 5 Richtung Old Chelsea. In Chelsea gibt es ein *Visitor Center* (tgl. 9–17 Uhr), das über die Sehenswürdigkeiten des Parks informiert. Neben Dutzenden von Seen, an denen man (mit Angellizenz) fischen kann, verfügt der Gatineau Park über unzählige gut ausgebaute Wanderwege (im Winter Loipen), Picknickplätze und Campingmöglichkeiten. Besondere Attraktion der Parkanlage ist das **Mackenzie King Estate** (Moorside & Kingsmere, Old Chelsea, Mai–Sept. tgl. 9–17 Uhr), die heute als Museum hergerichtete Sommerresidenz des ehemaligen kanadischen Premierministers.

Einer der reizvollsten Aussichtspunkte ist der **Champlain Lookout**, von dem man einen beeindruckenden Blick auf das breite Tal des **Ottawa River** genießt. Dabei fällt die Vorstellung

TOP TIPP

Eine wilde Romanze mit schäumenden Fluten – Rafting auf dem Ottawa River

schwer, dass der Fluss, der meist sehr gemächlich dahinfließt, auch seine wilden Seiten hat. Doch nicht umsonst genießt er ob seiner Stromschnellen bei zahlreichen Wildwasserkanuten, Kajak-Fans und Rafting-Freunden einen ausgezeichneten Ruf.

i Praktische Hinweise

Information

Ottawa Tourism, 130 Albert Street, Ottawa, Tel. 613/237-51 50, Fax 613/237-73 39, www.ottawatourism.ca

Rafting-Touren

OWL Rafting, 39 First Avenue, Ottawa, Tel. 613/238-72 38, Fax 613/234-40 97, www.owl-mkc.ca

Wilderness Tours, Box 89, Beachburg, KOJ 1CO, Tel. 613/646-22 91, Fax 613/646-29 96, www.wildernesstours.com

Hotels

*****__The Fairmont Château Laurier__, 1 Rideau Street, Ottawa, Tel. 613/241-14 14, Fax 613/562-70 30, www.fairmont.com. Neugotischer Bau mit prächtiger Lobby und edlen Zimmern [s. S. 43].

***__Lord Elgin__, 100 Elgin Street, Ottawa, Tel. 613/235-33 33, Fax 613/235-32 23, www.lordelginhotel.ca. Vis-à-vis zum National Arts Centre. Elegantes Hotel, unlängst komplett renoviert.

***__Minto Suite Hotel__, 185 Lyon Street North, Ottawa, Tel. 613/232-22 00, Fax 613/232-69 62, www.mintosuitehotel.com. Frisch renoviertes Apartmenthotel mit edlen Suiten und gut ausgestatteten Küchen zum Selbstversorgen.

Restaurants

Blue Cactus Grill, 2 Byward Market, Ottawa, Tel. 613/241-70 61. Schicke In-Kneipe mit Restaurantbetrieb. Serviert wird vor allem mexikanische Küche.

Suisha Gardens, 208 Slater Street, Ottawa, Tel. 613/236-96 02. Japanisches Restaurant, wie überall nicht billig.

The Mill, 555 Ottawa River Parkway, Ottawa, Tel. 613/237-13 11. Das Restaurant in einer Mühle aus dem 19. Jh. ist auf Steak und Roastbeef spezialisiert.

An Restaurants herrscht in Ottawa kein Mangel – Zak's Diner am Byward Market

9 Algonquin Provincial Park

TOP TIPP *Am besten erforscht man Ontarios bekanntesten Nationalpark zu Fuß oder per Kanu.*

Der 1893 gegründete und rund 7500 km² große Provinzpark ist der älteste in Ontario und liegt nur etwa vier Autostunden nördlich von Toronto. Als einzige Straße führt der *Highway 60* durch ein rund 60 km langes Stück im Süden des Parks, sodass man entweder gut zu Fuß oder ein begeisterter Paddler sein sollte, um in das ›wilde Herz‹ vorzustoßen.

Der Algonquin Provincial Park verbindet – und das macht wohl seine außerordentliche Beliebtheit aus – auf angenehme Weise die Befriedigung der Abenteuerlust mit den Annehmlichkeiten einer guten **Ausrüstungs-Infrastruktur**. Ob Proviant, Leihkanus oder Sprit für Motorboote (die auf einigen wenigen Seen zugelassen sind), alle notwendigen Versorgungsgüter kann man vor Ort kaufen oder leihen.

Benannt nach den in diesem Gebiet ursprünglich lebenden Indianern, bietet der Algonquin Park über 2100 km **Kanurouten** und 140 km **Wanderwege** von unterschiedlichen Längen und Schwie-

Faszinierendes Naturparadies Algonquin Provincial Park: herrliche Seen in wunderbarer Abgeschiedenheit **(oben)**, *Elche* **(Mitte links)** *und Bären* **(Mitte rechts)** *in freier Wildbahn und Wälder bis zum Horizont* **(unten)** ▷

rigkeitsgraden an, sodass Anfänger wie Fortgeschrittene, Wochenendausflügler wie Langzeiturlauber auf ihre Kosten kommen.

Einer der anspruchsvollsten Hiking-Trails im Park ist der **Western Uplands Backpacking Trail** in der Nähe des Westeingangs, der nur von gut trainierten Wanderern in Angriff genommen werden sollte. Denn die Routenführung geht über Distanzen von 32, 55 und 70 km. Rucksack und Zelt sollten unbedingt mitgeführt werden.

Je tiefer man auf seiner Tour in die Wildnis vorstößt, umso größer ist die Chance, Elche, Schwarzbären, Biber oder sogar Wölfe zu beobachten. Doch sollte man stets die Hinweise des Information Centre beachten, die auf Begegnungen mit dem *Wildlife* richtig vorbereiten.

i Praktische Hinweise

Information

Information Centre, an den Haupteingängen am Highway 60. Reservierung von Campingplätzen sowie einer Hütte in den drei Lodges des Parks, Tel. 705/633-55 72, www.algonquinpark.on.ca

Kanuverleih

Algonquin Outfitters–Oxtongue Lake, Highway 60, Nähe Oxtongue Lake, Tel. 705/635-22 43, Fax 705/635-18 34, www.algonquinoutfitters.com. Kanus und Ausrüstung für Touren – auch Mountainbikes, Skier, Schneeschuhe rund ums Jahr.

Algonquin Outfitters–Opeongo Lake, am südlichen Ufer des Opeongo Lake, Tel. 613/637-20 75, www.algonquinoutfitters.com. Saisonal betriebene Niederlassung des Ausstatters.

Opeongo Outfitters Store, Highway 60, am östlichen Parkeingang, Tel. 613/637-54 70, Fax 613/637-27 91, www.opeongooutfitters.com. Hier kann man Kanus tage- oder wochenweise mieten. Ausrüstung für Hiking- und Angeltouren.

Lodges

Bartlett Lodge, Blockhäuser am Lake Cache, abseits des Highway, Tel. 705/633-55 43, Fax 705/633-57 46, www.bartlettlodge.com. Vom Parkplatz am Seeufer werden die Gäste zu den auf einer Halbinsel gelegenen Unterkünften übergesetzt. Im gemütlichen Speiseraum der Lodge wird sehr gutes Essen serviert. Kanus sind für Gäste frei verfügbar.

TOP TIPP **Killarney Lodge**, Highway 60, Tel. 705/633-55 51, Fax 705/633-56 67, www.killarneylodge.com. Die rustikalen Blockhütten vermitteln echtes Trapper-Feeling. Kanus stehen für die Gäste zur Verfügung. Der Lake Killarney liegt vor der Haustür.

10 Georgian Bay

Die Bucht der 30 000 Inseln ist eines der Zentren indianischer Kultur in Kanada.

Die Georgian Bay ist eine riesige Ausbuchtung des **Lake Huron**, von manchen wird die Bucht auch der ›sechste der Großen Seen‹ genannt – an den meisten Stellen reicht das Wasser bis zum Horizont. Neben dem Algonquin Park gilt die Georgian Bay als weiteres großes Naherholungsgebiet für die Torontonians und andere Bewohner des südlichen Ontario, liegen die Südausläufer der Bucht doch nur knapp zwei Autostunden von der Großstadt entfernt. Einen Abstecher in indianische Kultur und Geschichte bietet insbesondere ein Ausflug nach *Manitoulin Island*, der größten Süßwasserinsel der Welt, die man von Toronto kommend am einfachsten über die Bruce-Halbinsel und den Fährhafen *Tobermory* erreicht.

Dort beginnt der **Georgian Bay Islands National Park**, der Ende der 20er-

Strandvergnügen wie am Meer – Sand, Sonne und Wellen am riesigen Lake Huron

Jahre des 20. Jh. gegründet wurde und heute rund 60 Inseln umfasst. Cove Island, Flowerpot Island und Beausoleil Island gehören zu den *Wanderparadiesen* des Parks.

Der **Fathom Five National Marine Park**, Kanadas erster Unterwasserpark, ist ein besonders anziehendes Tauchrevier aufgrund der Tatsache, dass Dutzende von Schiffswracks im klaren Wasser liegen, die fast alle im 19. Jh. den heftigen Stürmen zum Opfer fielen.

Wer nach **Manitoulin Island** übersetzen will, muss eine gut zweistündige Fahrt mit der Autofähre in Kauf nehmen, für die man vor allem im Juli und August lange Wartezeiten einkalkulieren sollte. Dafür wird man mit einer abwechslungsreichen Landschaft und Einblicken in indianische Kultur belohnt. Die Insel erstreckt sich über 170 km von West nach Ost und etwa 80 km an der breitesten Stelle von Nord nach Süd. Sightseeing-Höhepunkt sind für die meisten Besucher die Wasserfälle *Bridal Veil Falls* bei Kagawong im Norden. Die feinen, dünnen Wasserstrahlen können mit etwas Fantasie tatsächlich das Bild eines überdimensionalen Brautschleiers abgeben. Ein besonderes kulturelles Ereignis ist jedes Jahr Anfang August das größte nordamerikanische **Indianer-Pow-Wow**. Aus allen Teilen Nordamerikas strömen Indianer vieler Stämme nach Manitoulin Island, das die dort lebenden Ojibwa ›Heimat des Großen Geistes‹ nennen. Noch heute macht die indianische Bevölkerung rund ein Drittel der insgesamt 12 000 Inselbewohner aus. Im Ort *Wikwemikong* dröhnen dann tagelang die Trommeln, stampfen die mokassinbewehrten Füße im Rhythmus der Musik, werden traditionelle indianische Wettbewerbe wie Bogenschießen ausgetragen und indianische Speisen zubereitet.

Auf dem Festland, gegenüber von Manitoulin Island, liegt der **Killarney Provincial Park**, für viele noch ein Geheimtipp. Der nur 363 km² große Park mit seinen zahlreichen Seen ist ein nahezu unberührtes Naturparadies, dessen Fundament das Milliarden Jahre alte Quarzgestein des Kanadischen Schildes bildet. Weiter entfernt von den urbanen Zentren Ontarios als der Algonquin Provincial Park, besitzt er zwar weniger Popularität, doch kommen Wanderer und Kanuten hier eventuell stärker in den Genuss von Ursprünglichkeit und Abgeschiedenheit.

Top Tipp

Wild, bunt und faszinierend – Indianer-Pow-Wow auf Manitoulin Island

Praktische Hinweise

Information

Tobermory Visitor Information Centre, Tobermory, Tel./Fax 519/596-24 52, www.tobermory.org

Fähre

Chi-Cheemaun, Owen Sound Transportation Company, Tel. 519/376-66 01, Fax 519/376-63 84, www.chicheemaun.com. Autofähre von Tobermorey nach South Baymouth auf Manitoulin Island.

Hotels

Blue Bay Motel, Tobermory, am Hafen, Tel. 519/596-23 92, Fax 519/596-23 35, www.bluebay-motel.com. Der schöne Blick aus dem Mittelklassehaus geht auf Hafen und Fähranleger.

Killarney Mountain Lodge, Commissioner Street, Killarney Provincial Park, Tel. 705/287-22 42, Fax 705/287-26 91, www.killarneymountainlodge.com. Schöne Lage an der Georgian Bay.

Silver Birches in Little Current, Manitoulin Island, Tel./Fax 705/368-26 69. Einfaches kleines Resorthotel u. a. mit Kanuverleih.

Zu groß für jedes Portemonnaie – der Big Nickel ist das Wahrzeichen von Sudbury

11 Sudbury

Die Weltkapitale des Bergbaus engagiert sich zunehmend im Umweltschutz.

Fast jeder der 100 000 Einwohner Sudburys arbeitet im Bergbau oder hat Familienmitglieder, Freunde oder Nachbarn, die im Bergbau beschäftigt sind. In Kanada nennt man Sudbury auch die ›Nickelhauptstadt der Welt‹. Das ist aber nur die halbe Wahrheit. Denn in der Platin-, Kupfer- und Goldproduktion steht Sudbury im internationalen Vergleich ebenfalls ganz vorn.

Das Wissenschaftszentrum **Science North** (100 Ramsey Lake Road, April tgl. 10–16, Mai/Juni tgl. 9–17, Juli/Aug. tgl. 9–18 Uhr, www.sciencenorth.ca) bietet u.a. eine interessante Ausstellung zur Geologie und beschäftigt sich gezielt mit den Fragen einer ökologischen Regeneration der Natur, da die Belastung der Umwelt durch die jahrelangen gewaltigen Fördermengen groß ist. Außerdem veranstaltet Science North seit 2003 in **Dynamic Earth** (122 Big Nickel Road, April tgl. 10–16, Mai/Juni tgl. 9–17, Juli/Aug. tgl. 9–18 Uhr, www.dynamicearth.ca) spektakuläre Führungen durch stillgelegte Bergwerksstollen sowie Multimediashows. Übertage gibt es einen Spielplatz und das Sinnbild für die außergewöhnliche Stellung der Stadt in der Erzförderung, **The Big Nickel**, die gigantische Nachbildung einer 5-Cent-Münze.

i Praktische Hinweise

Information

Convention & Visitors Bureau, 200 Brady Street, Sudbury, Tel. 705/673-41 61, Fax 705/671-67 67, www.sudburytourism.ca

Hotels

******Howard Johnson Plaza Hotel**, 50 Brady Street, Sudbury, Tel. 705/675-56 02, Fax 705/675-50 24, www.hojocanada.com. Im komfortablesten Haus der Stadt sind Kinder herzlich willkommen.

*****Travelway Inn**, 1200 Paris Street, Sudbury, Tel. 705/522-11 22, Fax 705/522-38 77. Nahe bei Science North, gehobene Mittelklasse.

12 Thunder Bay

Das Tor zum Westen ist Kanadas drittgrößter Hafen.

Die ›Stadt der Getreidesilos‹ könnte man Thunder Bay (100 000 Einw.) auch nennen, obwohl große Weizenfelder eigentlich das Wahrzeichen der Zentral- und Westprovinzen sind. Viele Bewohner von Thunder Bay verstehen sich auch eher als West- denn als Ostkanadier. In Thunder Bay stehen die größten Getreidesilos der Welt. Von dort wird der Weizen über den St.-Lorenz-Seaway in alle Welt verschickt. Der Hafen ist nach Umschlagtonnage der drittgrößte Kanadas.

Doch die Stadt, die 1969 aus dem Zusammenschluss der beiden Gemeinden Port Arthur und Fort William entstand, hat auch kulturelle und historische Sehenswürdigkeiten zu bieten. Das

TOP TIPP

Old Fort William (Broadway Avenue, Mitte Mai–Mitte Okt. tgl. 10–

Im Old Fort William in Thunder Bay lässt sich der Alltag der frühen Siedler erleben

17 Uhr, www.fwhp.ca) vor den Toren von Thunder Bay erinnert an die Zeit der Pelzhändler im frühen 19. Jh. Rund 40 Gebäude und ein Indianerdorf machen die Palisaden-Befestigung zum größten Fort seiner Art in Nordamerika. Während der Sommermonate schlüpfen Mitarbeiter in historische Kostüme und lassen die vergangenen Pionierzeiten als Trapper, Indianer und Soldaten wieder aufleben.

Etwa 10 km westlich von Thunder Bay (Hwy 11) donnern die Wassermassen der **Kakabeka Falls** in die Tiefe. Die Bewohner der Region nennen sie stolz die ›Niagarafälle des Nordens‹.

i Praktische Hinweise

Information

Tourism Thunder Bay, Terry Fox Centre, Hwy. 11-17 (am östlichen Ortsrand) oder The Pagoda, Ecke Red River Road/Water Street, North Waterfront, Thunder Bay, Tel. 807/983-20 41, Fax 807/683-24 91, www.thunderbay.ca

Hotels

******Travelodge Airlane Hotel**, 698 West Arthur Street, Thunder Bay, Tel. 807/577-16 00, Fax 807/475-48 52, www.travelodge-airlane.com. In der Nähe von Old Fort William. Ordentliches Preis-Leistungs-Verhältnis.

******Valhalla Inn**, 1 Valhalla Inn Road, Thunder Bay, Tel. 807/577-11 21, Fax 807/475-47 23, www.valhallainn.com. Großes Haus mit ansprechenden Zimmern.

13 Cochrane

Die Kleinstadt ist Ausgangspunkt für einen Kurztrip an die James Bay.

Nur gut 5000 Einwohner zählt Cochrane. Und eigentlich würde dieser Ort in keinem Reiseführer erwähnt, wäre er nicht Ausgangspunkt für eine ungewöhnliche Bahnreise. In Cochrane startet der **Polar Bear Express** in den hohen Norden zur James Bay, zu der es keine Straßenverbindung gibt.

Die Landschaft wird nach Norden hin immer karger. An der James Bay herrscht bereits subarktisches Klima. Der Flecken **Moosonee** hat kaum mehr als 1000 Einwohner und liegt an der Mündung des Moose River, dem einzigen Gezeitenfluss der Provinz Ontario, in die James Bay. Der Ort, in dem überwiegend Nachfahren

Indianisches Leben auf Moose Factory Island: Tipi der Cree zwischen Wäscheleinen

der Cree-Indianer leben, führte ein abgeschiedenes Dasein, bis im Jahre 1932 die Eisenbahnlinie gebaut wurde. Er besteht größtenteils aus schlichten Zweckbauten. Sehenswert sind das *James Bay Education Centre*, das einen Einblick in die Kultur der Cree-Indianer gibt, und das *Ministry of Natural Resources Interpretative Centre*, das sich mit der Tier- und Pflanzenwelt sowie dem geologischen Aufbau der subarktischen Region beschäftigt.

Nicht entgehen lassen sollte man sich einen Besuch auf **Moose Factory Island**. Besichtigt werden können das Gebäude der *Hudson's Bay Post* – die Hudson Bay Company etablierte sich bereits um 1673 mit einem befestigten Handelsposten – und die anglikanische Kirche *St. Thomas*, die in den 60er-Jahren des 19. Jh. gebaut wurde und mit indianischer Kunst ausgestattet ist.

Auf Eisbären kann man im Übrigen lange warten, denn die weißen Raubtiere sieht man bestenfalls im Hunderte Kilometer entfernten *Polar Bear Park*.

i Praktische Hinweise

Polar Bear Express, Ontario Northland Station, Cochrane, Tel. 705/472-45 00, Fax 705/495-47 45, www.polarbearexpress.ca

Hotel

****The Station Inn**, 200 Railway Street, Cochrane, Tel. 705/272-35 00, Fax 705/272-57 13. Moderne Zimmer direkt am Bahnhof.

Québec – die launische Diva

Québec ist mit rund 1,55 Mio. km² die größte Provinz Kanadas. Obwohl auf dieser Fläche, in die Deutschland fast fünfmal hineinpasst, nur etwa 7,5 Mio. Menschen leben, ist Québec nach Ontario die bevölkerungsreichste Provinz des Landes. Sie umfasst den größten Teil der Halbinsel Labrador und des daran anschließenden Gebietes am **St.-Lorenz-Strom**. Der gigantische Fluss, der mit seinen 4000 km Länge und oft mehreren Kilometern Breite die großen Seen mit dem Atlantik verbindet, ist die eigentliche Lebensader der Region. An seinen Ufern begann die europäische Besiedlung des Landes, hier hatten Industrialisierung und Handel ihren Ursprung. In den arktischen und subarktischen Regionen des Nordens, geologisch Teil des kanadischen Schildes, leben überwiegend die wenigen Ureinwohner Kanadas, *Inuit* und *Indianer*, während das Tiefland des St. Lorenz mit der Metropole **Montréal** und dem eher beschaulichen **Québec City** zu den am dichtesten besiedelten Regionen Kanadas zählt. Doch nur wenige Kilometer außerhalb der Stadtgrenzen begeistert eine atemberaubende Natur, denn Québec ist auch die Provinz der zahllosen *Seen*, der riesigen *Laub- und Nadelwälder* und der *rauen Küsten* wie etwa auf der Halbinsel **Gaspésie**.

Wer die Grenze von Ontario nach Québec überschreitet, wechselt nicht nur vom englischen in den *französischen Sprachraum*, sondern taucht ein in eine völlig andere Kultur. Das Essen schmeckt besser, Wein gibt es nicht mehr nur im Liquor store, die *Lebensart* der Bewohner ist beschwingter und leichter.

14 Montréal *Pläne Seite 58/59, 66*

Die Metropole mit den zwei Gesichtern: französische Lebensart und amerikanische Hochhausarchitektur.

Wer durch die Straßenschluchten der Downtown spaziert, die hier ›Centre Ville‹ heißt, ist sich meist nicht bewusst, dass er sich in der, nach Paris, *zweitgrößten frankophonen* Stadt der Welt befindet. Von den knapp 3 Mio. Einwohnern Montréals sprechen ungefähr zwei Drittel die Sprache Sartres und Camus'. Der Rest spricht Englisch, aber auch Italienisch, Chinesisch oder Arabisch. Kurzum: In Montréal treffen sich – wie in Toronto – die Kulturen der Welt.

Montréal ist aber im Gegensatz etwa zu New York kein ›Melting pot‹. Hier lebt fast jede ethnische Gruppe in ihrem eigenen Viertel, die **Frankokanadier** in ihren Mittelklasse- und Arbeitervororten oder – die Reichen von ihnen – in *Outremont*. Die wohlhabenden **Anglokanadier** dagegen findet man überwiegend in *Westmount*, die **Chinesen** in der kleinen *Chinatown*. So erhalten sich viele Stadtteile ihre charakteristischen Eigenheiten.

Montréal verbindet scheinbar Gegensätzliches auf unnachahmliche Weise: Die Metropole auf der gleichnamigen Insel oberhalb der Mündung des Ottawa River in den St. Lorenz hat sich den Charme und das *Savoir-vivre* einer französischen Großstadt bewahrt, lebt aber auch den amerikanischen Traum von *Easy going* und zupackendem Optimismus. Ganz nordisch wirkt Montréal dann während der sehr kalten und langen Winter, wenn das Thermometer auf bis zu minus 40 °C fällt.

Geschichte Im Jahre 1535 wurde Montréal zumindest auf die Agenda der europäischen Geschichte gesetzt, als *Jacques Cartier* auf seiner zweiten Expedition das Gebiet der Irokesen-Siedlung **Hochelaga**

1 *Großstadtflair und Lebensfreude in Montréal – Sun Life Building* **(links)** *mit Blick auf Place Ville Marie* **(oben)**, *im Café an der Rue St. Denis* **(unten)**

Erinnerung an Montréals Schifffahrtsgeschichte – die ›Pelican‹ im Vieux-Port

erreichte und auf der Bergspitze, die er zu Ehren des französischen Königs Franz I. **Mont Royal** nannte, ein mächtiges Holzkreuz errichtete. Damals lebten in der Gegend der heutigen McGill University etwa 1000 Indianer, deren Vorväter sich bereits seit dem 5. Jh. im Gebiet um die heutige Stadt angesiedelt hatten.

Das eigentliche Gründungsdatum der Stadt fällt ins Jahr 1642, als *Paul de Chomedey*, Sieur de Maisonneuve, eine französische Siedlung namens **Ville Marie** auf der Isle de Montréal ins Leben rief. In den folgenden Jahrzehnten kam es jedoch immer wieder zu Scharmützeln mit den Irokesen, die sich nicht missionieren lassen wollten. Erst 1701 schloss man im *Vertrag von Montréal* Frieden mit den Indianern. Danach boomte die kleine Siedlung, wuchs zu einem bedeutenden *Pelzhandelsposten* heran und zählte bald mehrere tausend Einwohner.

Der Siebenjährige Krieg in Europa (1756–63) wirkte sich bis in die Kolonien aus: Die *Engländer* begannen ihre Offensive zur Eroberung Neufrankreichs und nahmen 1760 Montréal ohne Widerstand ein – anders als ein Jahr zuvor in der blutigen Schlacht um Québec City. Als nun über Montréal der Union Jack wehte, ließen sich britische Kaufleute in der Stadt nieder und reorganisierten das Pelzgeschäft. Das Handelsvolumen stieg, weil die Engländer in das Hinterland ausschwärmten, um die Felle direkt bei den Indianern zu kaufen. 1784 gründeten sie die North West Trading Company, die später von der *Hudson Bay Company* übernommen wurde. Um 1830 war Montréal keine französisch geprägte Stadt mehr – nachdem viele Iren Mitte des 18. Jh. zugezogen waren, sprachen 50 Prozent der Einwohner Englisch.

Zu Beginn des 19. Jh. konzentrierten sich die politisch und wirtschaftlich einflussreichen Kreise auf den Ausbau der *Schifffahrt*. 1809 verkehrten bereits regelmäßig Dampfschiffe zwischen Montréal und Québec City. Einen weiteren Bedeutungszuwachs als Wirtschaftszentrum erhielt die Stadt 1836 durch die Errichtung einer *Eisenbahnlinie*. In den 30er-Jahren des 19. Jh. überrundete Montréal die Rivalin Québec City und war um 1850 mit 50 000 Einwohnern die größte Stadt im Land.

Montréal wurde immer mehr zum Magnet für Einwanderer – zunehmend auch aus Osteuropa – und zog zudem die Landbevölkerung der Umgebung an, die in den Fabriken Arbeit suchte. 1866 erreichten die *Frankokanadier* endgültig die Bevölkerungsmehrheit, die sie bis heute behalten haben. Zur Zeit des Ersten Weltkriegs lebten fast eine halbe Million Menschen in Montréal.

Zur ersten großen **interethnischen Krise** zwischen Anglo- und Frankokanadiern kam es 1917, als die kanadische Regierung sich entschloss, an der Seite des ehemaligen britischen Mutterlandes und der Amerikaner gegen Deutschland

›Je me souviens‹, ›Ich erinnere mich‹ – die Nummernschilder der Provinz Québec bezeugen historisches Bewusstsein

Frankophil, anglophon und weltoffen – in Montréal sind viele Nationen zu Hause

in den Krieg zu ziehen. Als der Zweite Weltkrieg begann, wiederholte sich die Kontroverse über eine Beteiligung kanadischer Soldaten an den Auseinandersetzungen in Europa. Der heftige Widerstand der Frankokanadier endete mit der Inhaftierung des frankophonen Bürgermeisters *Camillien Houde* 1940–44 und der Entsendung kanadischer Truppen an der Seite der Alliierten.

Nach dem Krieg boomte die Stadt wie nie zuvor, die Bevölkerung verdoppelte sich zwischen 1941 und 1961 auf 2 Mio. Einwohner, gespeist durch europäische Immigranten – diesmal vorwiegend aus Italien und Griechenland – sowie durch einen starken Geburtenzuwachs, wie er auch in Europa und den USA in den 60er-Jahren des 20. Jh. zu verzeichnen war. Diese Zeit markiert aber auch die zunehmende Verschlechterung der Beziehungen zwischen Kanada und der Provinz Québec, ausgelöst durch die **separatistischen Bestrebungen** politischer Kreise. Die Entfremdung zwischen englisch- und französischsprachiger Bevölkerung hatte ihren Ursprung vor allem in der Tatsache, dass die Minderheit der Anglokanadier die Wirtschaft und die Finanzwelt kontrollierte.

Durch gesetzliche Regelungen versuchte die frankophone Provinzregierung, diesen Nachteil auszugleichen. Werbung durfte nur noch in französischer Sprache veröffentlicht werden, angelsächsische Firmenchefs mussten Zertifikate über ihre französische Sprachfähigkeit erbringen. Nicht wenige Anglokanadier verließen in der Folgezeit die Provinz Richtung Westen – mit ihnen gingen Banken, Firmen und somit Arbeitsplätze und Investitionen.

Die politischen Auseinandersetzungen verschärften sich dramatisch, als die *Front de Libération du Québec* (FLQ), eine militante Bewegung von radikalen Separatisten, terroristische Aktionen startete, die 1970 in der Entführung des britischen Diplomaten *James Cross* und des Provinzministers *Pierre Laporte* sowie dessen Ermordung gipfelten. Daraufhin stellte Premierminister Pierre Trudeau, selbst ein Frankokanadier, Montréal unter Kriegsrecht. Die Entführer setzten sich nach Kuba ab, die Krise war vorüber. Doch ein bitterer Nachgeschmack blieb. Die separatistische Diskussion ist bis heute nicht beendet, Ende 1995 sprach sich nur eine hauchdünne Mehrheit in einem Referendum für den Verbleib in Kanada aus, und bei den vorgezogenen Parlamentswahlen 1997 wurde dieses brisante Thema wiederum heftig debattiert.

Schlagzeilen ganz anderer Art machte Montréal 1967 mit der groß angelegten Weltausstellung **Expo** und 1976 als Austragungsort der **Olympischen Sommerspiele**. 1992 feierte die Stadt ihren 350. Geburtstag, stolz darauf, eine der ältesten Siedlungen Nordamerikas zu sein.

Besichtigung Montréal lässt sich auf zwei Rundgängen durch die Altstadt und das moderne Zentrum bequem zu Fuß erschließen. Zudem bietet ein weitläufiges Metro-Netz eine gute Verbindung auch in die Randgebiete der Stadt.

Vieux Montréal

Montréal besitzt die größte geschlossene Altstadt in Nordamerika: Vieux Montréal wird begrenzt vom St. Lorenz im Süden und der sich nördlich anschließenden Innenstadt ›Centre Ville‹. Man spaziert über Kopfsteinpflaster, vorbei an alten restaurierten Häusern des 17.–19. Jh., und vergisst schnell die modernen Wolkenkratzer, die nur ein paar Straßen entfernt in den Himmel ragen.

Als Ausgangspunkt für einen Rundgang durch das Zentrum eignet sich die **Place Jacques Cartier** 1 südlich der Rue Notre-Dame. Das *Nelson-Denkmal* in der Mitte des Platzes ist das älteste in der Stadt und wurde zu Ehren des Sieges bei Trafalgar 1809 errichtet. Der Platz selbst verwandelt sich im Frühjahr und Sommer in ein Blumenmeer, zahlreiche Straßencafés verleihen ihm eine ausgesprochen mediterrane Atmosphäre.

Vis-à-vis steht das 1872–78 im Neorenaissance-Stil erbaute ehrwürdige **Hôtel-de-Ville** 2, von dessen Balkon Charles de Gaulle 1967 mit dem Ausruf ›Vive le Québec libre!‹ die Separatismusbewegung neu entfachte.

Auf eine wechselvolle Geschichte blickt das 1705 schräg gegenüber errichtete **Château Ramezay** 3 (Juni–Mitte Okt. tgl. 10–18, sonst Di–So 10–16.30 Uhr, www.chateauramezay.qc.ca) zurück: Zunächst diente das Schloss als Residenz der französischen Gouverneure, 1775 fungierte es zwischenzeitlich als Hauptquartier der amerikanischen Armee, außerdem wurde es als Justizpalast und teilweise als Universität genutzt. Heute ist in Château Ramezay ein *Museum* eingerichtet, das Gebrauchsgegenstände des 18. und 19. Jh. präsentiert.

Verweilen und genießen – französische Straßencafés an der Place Jacques Cartier

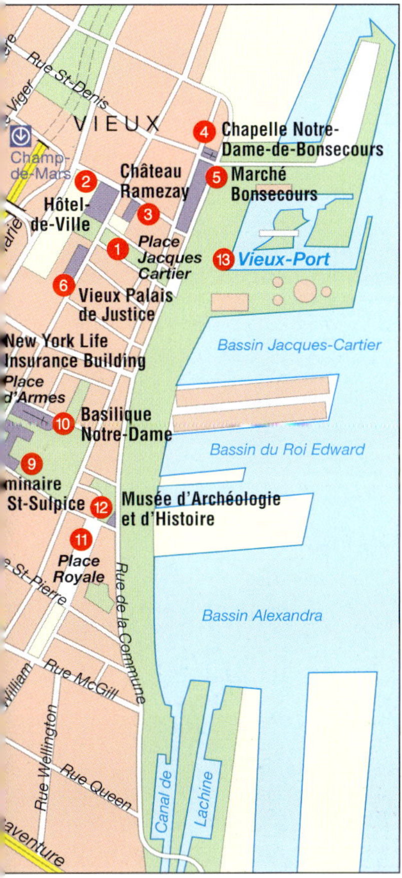

Nur wenige Minuten zu Fuß sind es von hier zur **Chapelle Notre-Dame-de-Bonsecours** 4 (400 Rue St-Paul), der 1657 errichteten ältesten Kirche der Stadt. Das heutige Gotteshaus stammt allerdings von 1885. Mehrere Brände, die die von der inzwischen heilig gesprochenen Lehrerin Marguerite Bourgeoys gegründete Kapelle zerstört hatten, machten den Neubau notwendig. Im *Inneren* werden zahlreiche von Matrosen gestiftete Schiffsmodelle aufbewahrt.

Gleich nebenan bietet der **Marché Bonsecours** 5 mit seinen Obst- und Gemüseständen ein bunt-fröhliches Bild. Auch dieses Gebäude hat seit seiner Entstehung Mitte des 19. Jh. schon zahlreiche Funktionen innegehabt: Es diente als Konzertsaal und Rathaus, wurde als Markthalle genutzt und war zuletzt Verwaltungsgebäude. Nach einer Renovierung fungiert es heute wieder als *Markthalle*, Ladenpassage und Forum für Wechselausstellungen.

Über die Rue St-Paul zur Place Jacques Cartier und zur Rue Notre-Dame zurück erreicht man den **Vieux Palais de Justice** 6 aus dem Jahr 1856 und daneben an der Ecke zum Boulevard St-Laurent den neuen Justizpalast.

Der Rue Notre-Dame weiter Richtung Westen folgend, gelangt man geradewegs zum früheren Finanzviertel Montréals, der **Place d'Armes** 7, auf der heute der in einem Denkmal verewigte Stadtgründer *Sieur de Maisonneuve* die Fahne

Historische Stätte – vom Hôtel-de-Ville rief De Gaulle 1967 das freie Québec aus

Frankreichs hochhält. Ein weiterer Blickfang ist der rote Sandsteinturm des **New York Life Insurance Building** 8, das sich als erster Wolkenkratzer der Stadt seit 1888 auf der Ostseite des Platzes erhebt.

Schräg gegenüber, an der Rue Notre-Dame, befindet sich hinter einer Steinmauer versteckt das älteste noch erhaltene Gebäude Montréals: Das **Séminaire de St-Sulpice** 9, 1685 gegründet, wird bis heute als Priesterseminar genutzt. Besondere Zier der schlichten Fassade ist eine *Holzuhr* aus dem Jahre 1701, die als älteste ihrer Art in Nordamerika gilt.

TOP TIPP Nebenan ragt die riesige **Basilique Notre-Dame** 10 (Mo-Fr 8–16.30, Sa 8–16.15, So 12.30–16.25 Uhr, www.basiliquenddm.org) in den Himmel. Errichtet wurde sie 1829 als damals größte Kirche Nordamerikas vom New Yorker Architekten *James O'Donnell*, der so zufrieden mit seinem Bau war, dass er zum Katholizismus konvertierte, um im Gotteshaus seine letzte Ruhe finden zu können. Der wie ein Märchen aus Kunst und Kitsch wirkende *Innenraum*, der für 3500 Gläubige Platz bietet, besteht fast ganz aus Holz, das bemalt und zum Teil mit Blattgold ausgeschmückt wurde. Die Glasfenster zeigen wichtige Ereignisse der Stadtgeschichte. Sehens- und vor allem hörenswert ist die aus 5772 Pfeifen bestehende *Casavant-Orgel*.

Die an die Basilika angeschlossene, 1888 entstandene **Chapelle du Sacré-Cœur** ist als Hochzeitskapelle sehr beliebt. Bemerkenswert ist der bronzene *Altar* von Charles Daudelin, der ebenso wie die *Guilbeault-Thérien-Orgel* bei der Rekonstruktion des Innenraums nach

Märchenhafte Pracht – goldverzierter Innenraum der Basilique Notre-Dame

Zu seiner Bauzeit das größte Gotteshaus in Nordamerika – Basilique Notre-Dame vis-à-vis der Place d'Armes mit dem Denkmal des Stadtgründers Sieur de Maisonneuve

dem Brand von 1978 hinzugefügt wurde. Bevor man die Kapelle verlässt, kann man rechts noch dem *Musée de la Basilique* einen kleinen Besuch abstatten. U. a. sind religiöse Gegenstände von Monseigneur de Pontbriand, dem letzten Erzbischof von Neufrankreich, ausgestellt.

Durch die Rue St-Sulpice gelangt man zur *Rue St-Paul*, der einstmals elegantesten Straße Montréals. Heute befinden sich hier überwiegend Boutiquen und Galerien. Folgt man ihr in westlicher Richtung, gelangt man zur **Place Royale** 11, auf der früher das Militär exerzierte. Dieser älteste Platz Montréals wurde 1657 angelegt. An seiner Nordostecke erhebt sich das architektonisch extravagante **Museé d'Archéologie et d'Histoire** 12 (Di–Fr 10–17 Uhr, Sa/So 11–17 Uhr, www.pacmuseum.qc.ca), das zum 350. Geburtstag der Stadt 1992 exakt an der Stelle entstand, an der Montréal am 18. Mai 1642 gegründet wurde. Mit dem modernen Turm erinnert es an einen Schiffsausguck oder einen Leuchtturm und nimmt somit auf den nahe gelegenen Hafen Bezug, den man von der *Aussichtsplattform* im obersten Stock des Museums überblicken kann. Im Inneren ist mit modernsten technischen Mitteln die Montréaler *Stadtgeschichte* aufbereitet, im Kellergeschoss wurde ein *archäologischer Rundgang* durch Grabungsareale eingerichtet.

An der Rue de la Commune liegt der **Vieux-Port** 13, der Alte Hafen. In den vergangenen Jahren wurde er mit großem finanziellen Aufwand restauriert und avancierte zu einem der beliebtesten Treffpunkte der Stadt. In den Sommermonaten muss man als Fußgänger ein Auge auf die zahlreichen Inline-Skater haben, die die Promenade zu ihrem liebsten Übungsterrain erkoren haben. Vier große Quais strecken sich von der Promenade in den St. Lorenz, Ausflugsbarkassen und Jachten geben dem Hafen einen bunten Anstrich. Eine besondere Attraktion ist der Montréaler *Cirque du Soleil*. Wenn die Artisten nicht gerade auf Tournee sind, schlägt der auch außerhalb Kanadas bekannte und beliebte Zirkus seine Zelte am **Quai Jacques Cartier** auf. Etwas abseits des Trubels lädt der kleine Park **Des Ecluses** ein. Er liegt direkt am alten Lachine-Kanal, der 1825 erbaut worden war, um die Stromschnellen umschiffen zu können. Heute ist der Wasserweg nicht mehr in Betrieb. Der Blick schweift von hier u. a. auf die avantgardistischen Würfelhäuser des Stararchitekten *Moshe Safdie*. Er hat sie anlässlich der Weltausstellung Expo 1967 entworfen und ihnen den Namen **Habitat '67** gegeben.

Centre Ville

Die Innenstadt von Montréal zeigt ein völlig anderes Bild als die eher beschauliche Altstadt. Hier befindet sich der Business District der Wolkenkratzer, der großen Hotels und Haupteinkaufsstraßen. Als Ausgangspunkt für einen Rundgang bietet sich die weithin sichtbare und unverwechselbare **Place Ville-Marie** (14) an. Dieser verspiegelte Hochhauskomplex, der sich auf einem kreuzförmigen Grundriss erhebt, veränderte in den 60er-Jahren des 20. Jh. zusammen mit anderen Neubauten wie der Métro und der Underground City das Stadtbild radikal. Der chinesisch-amerikanische Stararchitekt *Ieoh Ming Pei*, der u. a. die Louvre-Pyramide in Paris und die Bank of China in Hongkong entworfen hat, zeichnet auch für dieses auffällige Bauwerk verantwortlich.

1962 wurden unter der Place Ville-Marie die ersten Passagen der Montréaler Untergrundstadt eröffnet, 1966 folgte die Métro. Die **Underground City** ist eine unterirdische Shopping Mall, ein weit verzweigtes System von Kaufhäusern, Einzelhandelsgeschäften, Boutiquen, Restaurants, Kinos, Kneipen, Hotels und sogar einer Stadtbücherei, die sich auf verschiedenen Ebenen befinden und durch Métro-Bahnsteige, Außeneingänge und Hochhauskomplexe miteinander verbunden sind. Seit ihrer Eröffnung wächst die Stadt unter der Stadt immer weiter. Mittlerweile ist Montréals Shopping-Unterwelt mit 29 km Länge die größte ihrer Art auf dem Globus: Rund 1600 Geschäfte, 200 Restaurants, 40 Banken und 30 Kinos sind in das geordnete Labyrinth unter der Metropole integriert.

TOP TIPP

Über den verkehrsreichen Boulevard René Lévesque erreicht man in südlicher Richtung das **Sun Life Building** (15), das

Shopping ohne Grenzen – die riesige Underground City Montréals macht's möglich

Lebendig von früh bis spät – die Millionenstadt Montréal im nächtlichen Lichterzauber

zwischen 1913 und 1933 für den gleichnamigen Versicherungskonzern erbaut wurde und lange Zeit das höchste Gebäude des Britischen Empire war. Während des Zweiten Weltkriegs wurden hier die englischen Kronjuwelen gelagert.

Direkt gegenüber liegt die **Cathédrale Marie-Reine-du-Monde** 16, eine 1894 fertig gestellte Nachbildung des vatikanischen Petersdoms im Maßstab 1:3 und Sitz des Erzbischofs von Montréal. Im Inneren sind in einer *Totenkapelle* die verstorbenen Bischöfe und Erzbischöfe der Stadt begraben.

Für eine Verschnaufpause bietet sich der direkt neben der Kirche gelegene große **Dominion Square** 17 mit seinen Grünanlagen an. *Denkmäler* erinnern hier an Wilfried Laurier, den kanadischen Premierminister (1896–1911), Königin Victoria sowie die Gefallenen des Burenkrieges in Südafrika.

An der Ecke Rue de la Gauchetière und Peel lohnt die 1870 im neugotischen Stil errichtete **St. George's Anglican Church** 18 einen Besuch. Die Außenfassade besteht aus Sandstein, das Interieur aus dunklem Holz. Sehenswert sind die *Holzarbeiten* im Chor und die *Wandteppiche* aus der Londoner Westminster Abbey, die dort während der Krönung von Königin Elizabeth II. hingen.

An der **Rue de la Gauchetière 1000** 19 steht der 1992 errichtete *Turm*, der nach seiner Hausnummer benannt ist. 50 Stockwerke streckt er sich gen Himmel – höher durfte der moderne Glaspalast nicht werden, da kein Gebäude in der Stadt den Mont Royal überragen soll. In seinem Foyer befindet sich eine öffentliche *Eislaufbahn*, in der man sich stundenweise Schlittschuhe ausleihen kann.

Östlich benachbart erhebt sich der massive Bau der **Place Bonaventure** 20. Dieser wuchtige Betonklotz wurde 1966 von dem einheimischen Architekten *Raymond Affleck* entworfen, dient als Shoppingcenter mit Métro-Station und beherbergt außerdem ein 400-Zimmer-Hotel sowie zwei Ausstellungshallen.

Der Rue University in westlicher Richtung folgend, erreicht man nach einigen hundert Metern das **Eaton Centre** 21 (Rue Ste-Catherine), eine fünfstöckige Galerie mit zahlreichen Restaurants und Geschäften. Nebenan lockt das gleichnamige *Kaufhaus* die Shopping-Fans.

Auf der anderen Seite der Rue University erhebt sich die markante **Christ Church Cathedral** 22, der man – aus Gewichtsgründen, denn der Untergrund der Kirche drohte nachzugeben – eine Turmspitze aus Aluminium verpasste, nachdem die ursprüngliche, steinerne Variante 1927 zerstört worden war. Auf originelle Weise gelöst wurde das statische Problem, als 1987 die *Promenade de la Cathédrale* unter das Gotteshaus gesetzt wurde. Heute also steht die Kirche sicher auf dem Dach dieser Shopping Mall.

Ein paar Straßen weiter westlich, in der Rue de Bleury, lohnt die **Eglise du Gésu**

Fotogener Kontrast – die gotisch inspirierte Christ Church Cathedral als Blickpunkt vor moderner Spiegelglas-Architektur

23 einen Abstecher. Ursprünglich gehörte der 1864 errichtete Sakralbau zu einem Jesuitenkolleg, das jedoch 1975 zerstört wurde. Die beiden unvollendeten *Kirchtürme* im neugotischen Stil erinnern an den Geldmangel, der im 19. Jh. zu einem vorzeitigen Baustopp führte. Im *Inneren* ziehen sieben Altäre sowie großformatige Gemälde die Aufmerksamkeit des Betrachters auf sich.

Zurück auf der Rue Ste-Catherine erreicht man alsbald die **Place des Arts** 24, ein Ensemble von Konzertsälen, Theatern und Ausstellungsräumen. Der Platz selbst ist bei warmem Wetter stets bevölkert, Treppen rund um einen Springbrunnen laden zu einer Pause ein oder verführen Skateboarder, ihre Künste vor Publikum zu präsentieren. Die bauliche Konzeption der Place des Arts wurde vom New Yorker Lincoln Center inspiriert. In der *Salle Wilfrid Pelletier* (2982 Plätze) sind das renommierte Montréal Symphony Orchestra und die Oper der Stadt zu Hause, das *Théâtre Maisonneuve* beherbergt drei Säle mit 138 bis 1460 Plätzen. Seit 1992 residiert auf dem Kulturgelände auch das *Musée d'Art Contemporain* (Di–So 11–18, Mi bis 21, im Sommer zusätzl. Mo 11–18 Uhr, www.macm.org), in dem sehenswerte moderne Kunst aus Québec und dem Ausland ausgestellt ist.

In südlicher Richtung, vorbei am *Complexe Desjardins*, einem weiteren Shoppingcenter, erreicht man die kleine **Chinatown** 25, die sich östlich der Rue Bleury und südlich des Boulevard Réne Lévesque erstreckt. Ihr Zentrum liegt rund um die Straßen Gauchetière, Urbain und Viger. Viele der Chinesen, die sich im 19. Jh. hier ansiedelten, hatten zuvor am Bau der transkontinentalen Eisenbahn, die 1886 fertig gestellt worden war, mitgearbeitet. Architektonisch originell ist das Dach des Hotels *Holiday Inn* (Rue Viger/Urbain), das die Nähe zur Chinatown dadurch reflektiert, dass es Pagodendächer imitiert.

Am nördlichen Rand der Innenstadt – drei Métro-Stationen entfernt – befinden sich einige weitere Sehenswürdigkeiten, die man keinesfalls auslassen sollte. An der Rue Guy der Métro entstiegen, ist es nicht weit zur Ecke Rue Sherbrooke/Avenue du Musée mit dem unübersehbaren **Musée des Beaux-Arts de Montréal** 26 (Di–So 11–17, Mi bis 21 Uhr, www.mmfa.qc.ca). Dieses älteste und wichtigste Museum der Provinz Québec wurde 1860 von der Art Association of Montréal, einer Gruppe kunstbegeisterter Anglokanadier, gegründet. Der *Pavillon Beniah-Gibb* öffnete seine Pforten 1912, die helle Fassade aus Vermont-Marmor ist auch heute noch der Blickfang des Gebäudes. 1991 hat das Museum mit dem von Stararchitekt Moshe Safdie entworfenen, auf der anderen Straßenseite gelegenen *Pavillon Jean-Noel-Desmarais* den dringend benötigten Erweiterungsbau erhalten. Er ist durch einen unterirdischen Tunnel mit den älteren Flügeln verbunden. Die Sammlungsschwerpunkte des Hauses liegen auf zeit- genössischer europäischer und nordamerikanischer Kunst, auf präkolumbianischer sowie natürlich kanadischer Kunst des 19. und 20. Jh. Über das Jahr verteilt finden Sonderausstellungen statt.

Direkt um die Ecke zweigt die **Rue Crescent** 27 ab, an der sich schön restaurierte alte ein- und zweistöckige Häuser aufreihen. Dem Ambiente angemessen, werden in den darin befindlichen Geschäften teure Antiquitäten und Designerkleidung angeboten. Südlich des *Boulevard de Maisonneuve* ändert die Straße ihr Gesicht jedoch radikal: Nun bestimmen Bars, Kneipen und Restaurants die (laute) Szenerie.

Wenn man nach diesem kleinen Abstecher auf die Rue Sherbrooke zurückgekehrt ist und sich in östlicher Richtung bewegt, passiert man auf der rechten Seite das noble **Ritz-Carlton Montréal Hotel** 28. Dieses 1911 von Hotelzar *César Ritz* persönlich eröffnete Haus hat im Laufe der Zeit viele berühmte Zeitgenossen beherbergt. Richard Burton und Liz Taylor z. B. wurden hier 1964 getraut.

TOP TIPP

Sonniger Tummelplatz für jung und alt – Place des Arts mit Salle Wilfrid Pelletier

Von hier sind es einige Minuten zu Fuß zum Campus der berühmten **McGill University** 29, die sich auf der linken Seite der Rue Sherbrooke am Fuße des Mont Royal erstreckt. Die 1821 durch eine Stiftung des Pelzhändlers James McGill gegründete Alma Mater gilt als eine der renommiertesten Hochschulen Nordamerikas und ist die älteste der vier Universitäten der Stadt. Auf dem repräsentativ angelegten Campus befindet sich auch das *Redpath Museum*, das mit

Eleganz, Luxus und ein Hauch von Filmgeschichte – Ritz-Carlton Montréal Hotel

Hier geht der Blues ab – der Jazzclub Biddle's ist fast schon eine Legende

einer umfangreichen naturgeschichtlichen Sammlung aufwartet.

An der Ecke zur Rue University steht das **McCord Museum** ㉚ (Di–Fr 10–18, Sa/So 10–17, im Sommer zusätzl. Mo 10–17 Uhr, www.mccord-museum.qc.ca), das 1906 vom Architekten *Percy Nobbs* im Stil des englischen Barock entworfen wurde. Wer sich für die kanadische Historie, insbesondere für die Geschichte der Indianer interessiert, findet hier *das* Museum in Kanada. Umfangreiche Sammlungen von Kostümen, Bildern und Fotos sowie ein Dokumentationszentrum geben ein bemerkenswertes Zeugnis vom Alltagsleben des 18. und 19. Jh.

Fast um die Ecke liegt **Biddle's** (2060 Rue Aylmer), Montréals berühmtester Jazzclub, in dem es abends bei Jazzmusik von internationalem Niveau hoch hergeht.

Quartier Latin und Mont Royal

Der Rue de Maisonneuve bis zur Rue St-Denis folgend, erreicht man Montréals **Quartier Latin** ㉛. Hier breitet sich das alternative und studentische Leben aus. Zahllose Cafés, Restaurants und Kneipen, Off-Theater sowie Secondhand-Läden, aber auch hochpreisige Geschäfte bilden eine abwechslungsreiche Mixtur.

Sehr reizvoll ist ferner ein Rundgang durch den Stadtteil *Mont Royal*. Die 234-Meter-Erhebung wird bei den Einwohnern schlicht ›der Berg‹ genannt. Andere bezeichnen das Gebiet auch als die ›Grüne Lunge‹, denn der riesige **Parc du Mont Royal** ㉜ ist ein Naherholungsgebiet, das viele Städter zum Joggen, Fahrradfahren oder im Winter zum Skilanglauf aufsuchen. Er wurde vom amerikanischen Gartenbaufachmann *Frederick Olmsted* entworfen, der auch für den New Yorker Central Park verantwortlich zeichnet.

Den vielleicht besten Blick auf die Stadt genießt man vom Aussichtspunkt **Chalet du Mont Royal**. Direkt unterhalb –

Auf königlichem Grund – am Mont Royal liegt dem Betrachter die ganze Stadt zu Füßen

zum Greifen nah – liegt der Campus der McGill University, dahinter ragen die Wolkenkratzer der Innenstadt in den Himmel. Wer sich an dem herrlichen Panorama satt gesehen hat, kann im Chalet, das in den 30er- und 40er-Jahren des 20. Jh. für Konzerte und ähnliche Vergnügungen genutzt wurde, die großen *Gemälde* aus der Pioniergeschichte Kanadas bewundern.

Wenn man von der Straße Côte-des-Neiges in die Seitenstraße Queen Mary Road einbiegt, sieht man sich unvermittelt dem gewaltigen Bau des **Oratoire Saint-Joseph** 33 (tgl. 7–17 Uhr, www.saint-joseph.org) gegenüber – als Ziel von rund 2 Mio. Gläubigen jährlich eine der wichtigsten Wallfahrtskirchen in Nordamerika. Auf einer Anhöhe stehend, von 300 Treppenstufen umgeben, scheint das Gotteshaus mit dem grünen Kupferdach allem Irdischen entrückt. Dieser zweitgrößte christliche Sakralbau nach dem Petersdom in Rom entstand 1924 und schloss die vom Mönch *Frère André* 20 Jahre zuvor hier zu Ehren des hl. Joseph errichtete Holzkapelle mit ein. Da dem Glaubensbruder Heilkräfte nachgesagt wurden, entwickelte sich der Ort schon bald zu einem religiösen Anziehungspunkt für Kranke und Gebrechliche, und man begann mit dem Bau der heutigen Kirche. Die ursprüngliche Kapelle, in der sich das Grab des 1982 selig gesprochenen André befindet, ist noch immer zu besichtigen. Daneben gibt es zwei weitere Museen, von denen sich eines mit dem Leben des Mönchs beschäftigt.

Über den Boulevard Edouard Montpetit erreicht man die **Université de Montréal** 34, die größte französischsprachige Universität außerhalb von Paris. Weithin sichtbar ist der *Bibliotheksturm*, der sich durch seinen maurischen Charakter stilistisch von den übrigen Gebäuden abhebt, die jedoch gleichfalls aus

Der Weg hinauf zum Oratoire Saint-Joseph ist ein Kampf mit vielen Treppenstufen

Kühne Architektur für kühne Rekorde: Montréals Olympiastadion mit ›schiefem‹ Turm

gelb-grauen Ziegeln gemauert sind. Die ersten Studenten zogen Anfang der 40er-Jahre des 20. Jh. auf dem Campus ein, heute sind hier mehr als 50 000 Studenten immatrikuliert.

Die Universität liegt am Rande des Viertels *Outremont*, in dem die wohlhabenden Frankokanadier wohnen. Große Steinhäuser mit schönen gepflegten Vorgärten bestimmen hier das Bild. Das angelsächsische Pendant, der Stadtteil *Westmount*, erstreckt sich westlich der Straße Côte-des-Neiges.

Olympiagelände

Im Osten der Stadt liegt der **Parc Olympique** 35 (www.rio.gouv.qc.ca), in dem 1976 die *21. Olympischen Sommerspiele* stattfanden. Wie schon die Weltausstellung Expo 1967 wurde auch das Großereignis des internationalen Sports zum Anlass genommen, das Gesicht der Stadt grundlegend zu verändern. Am *Parc Maisonneuve* entstanden in nur wenigen Jahren zahlreiche Sportstadien, das olympische Dorf sowie Pressezentrum und Verwaltungsgebäude. Obwohl die Spiele ein sportlicher Erfolg waren, erlebte Montréal ein finanzielles Desaster, die Verschuldung erreichte Milliardenhöhe.

TOP TIPP Am augenfälligsten ist sicher das **Olympiastadion** (Führungen tgl. März–Aug. ab 10, sonst ab 11 Uhr) mit seinem geneigten *Turm* (Mitte Juni–Aug. tgl. 9–19, sonst bis 18 Uhr), der mit 190 m der weltweit höchste seiner Art ist. Mit einer Zahnradbahn, der *Funicular*, fährt man in wenigen Minuten auf die Turmspitze hinauf, von wo man einen weiten Blick über Montréal genießt. Das Stadion selbst bietet Platz für rund 70 000 Zuschauer und ist heute Austragungsort für die Baseballspiele der heimischen Profimannschaft ›Expos‹.

TOP TIPP Neben dem Olympiastadion liegt das unbedingt sehenswerte **Biodôme** (Juli/Aug. tgl. 9–18, März–Juni tgl. 9–17, Sept.–Febr. Di–So 9–17 Uhr, www.biodome.qc.ca), das aus dem Velodrom, in dem die olympischen Radwettbewerbe ausgetragen wurden, hervorgegangen ist. Seit der Eröffnung im Juni 1992 kamen über 3,5 Mio. Besucher in dieses einzigartige ›Museum‹, in dem lebende Tiere die bepflanzten Hallen bevölkern und für reichlich Abwechslung sorgen. Auf 10 000 m² werden auf diese Weise insgesamt vier verschiedene Ökosysteme präsentiert: der tropische Regenwald, der Laurentinische Wald Québecs, die Unterwasserwelt des St.-Lorenz-Stroms sowie die arktische und subarktische Welt.

Einen Besuch lohnt auch der **Jardin Botanique** 36 (Mitte Mai–Okt. tgl. 9–18, Nov.–Mitte Mai Di-So 9–17 Uhr), der am

Rande des Parc Maisonneuve liegt. Die 1931 eröffnete Anlage ist die größte ihrer Art in Nordamerika und zeigt auf einer Fläche von mehr als 70 ha 25 000 Pflanzenarten. Mit einer kleinen Bahn kann der Besucher durch das weiträumige Gelände fahren. Sehenswert sind der *Chinesische* und der verspielte *Japanische Garten* mit Teichen, Brücken und der größten Sammlung von Bonsai-Bäumen außerhalb Asiens sowie das *Arboretum*. Das *Insectarium* am östlichen Rand des Botanischen Gartens zeigt eine große Auswahl an Insekten und bunten Schmetterlingen aus aller Welt.

Biodôme – wo früher Radsportler ihre Kräfte maßen – zeigt ein Museum als Erlebnislandschaft in Miniatur den Kreislauf der Natur

Île Sainte-Hélène und Île Notre-Dame

Die beiden Inseln im St. Lorenz vis-à-vis des Hafens dienten 1967 als Veranstaltungsort der Weltausstellung Expo. Aus der **Île Sainte-Hélène** 37 ist inzwischen ein großes Freizeit-Gelände mit einem vielseitigen Angebot geworden. Mit Achterbahnen und ähnlichen Rummelplatz-Attraktionen zieht etwa der Vergnügungspark *La Ronde* (Mitte Juni–Aug. tgl. 10–22.30, Mitte Mai–Juni 10–20 Uhr, www.laronde.com) im Sommer viele Besucher an. Einen Ausflug in die Geschichte bietet das *Vieux Fort* (Juni-Sept. tgl. 10–17, sonst Mi–Mo 10–17 Uhr, www.stewart-museum.org), das 1825 vom Herzog von Wellington erbaut wurde, um Montréal vor möglichen Angriffen der Amerikaner zu schützen. Von dort genießt man einen hervorragenden Blick sowohl auf die Skyline von Montréal als auch auf die gewaltige Jacques Cartier Bridge, die 1930 eröffnet wurde.

Mitten auf der Insel liegt der *Parc Jean-Drapeau–Hélène-de-Champlain*, das damalige Kerngebiet der Ausstellung Expo. Heute befindet sich hier ein Amphitheater, das im Sommer für Freiluftaufführungen genutzt wird. In der Nähe steht der monumentale ›L'Homme‹ von Alexander Calder, eine gut 20 m hohe Skulptur, die etwa 60 t wiegt.

Weithin sichtbar ist die riesige Aluminiumkugel der *Biosphère*, die als eines der wenigen Bauwerke der Expo überlebt hat. Bei einem Feuer 1978 verlor sie

Kulisse aus einem Science-Fiction-Film? Die 1967 entstandene Aluminiumkonstruktion der Biosphère auf der Île Sainte-Hélène macht bis heute einen futuristischen Eindruck

zwar ihre durchscheinende Acrylhaut, doch bietet die filigrane Konstruktion mit ihren 80 m Durchmesser noch immer einen erstaunlichen Anblick.

Die **Île Notre-Dame** 38, künstlich aufgeschüttet aus dem Aushub des Métro-Baus, entstand innerhalb von nur zehn Monaten. Man hat die Gestalt der Insel architektonisch geplant und ihrem Zweck entsprechend geformt. Für alle Motorsportfreunde ist die Tatsache wichtig, dass auf dem *Circuit Gilles Villeneuve* alljährlich der Große Preis von Kanada in der Formel 1 ausgetragen wird. Ein weiterer Anziehungspunkt ist das *Montréal Casino*, das sich seit 1993 im ehemaligen französischen Pavillon der Weltausstellung befindet.

Ausflug

Eine Autostunde vor den Toren der Stadt erheben sich im Norden die **Laurentides**, ein Mittelgebirgszug, der mit zahlreichen Seen, großen Wäldern und drei Dutzend Golfplätzen aufwartet. Besonders der Indian Summer mit seiner grandiosen Laubfärbung lockt viele Montréaler zu einem Kurzurlaub.

i Praktische Hinweise

Information

Office de Tourisme du Grand Montréal, 1555 Rue Peel, Montréal, Tel. 514/844-54 00, Fax 514/844-57 57, www.tourisme-montreal.org.

Infotouriste, 1001 Rue du Square Dorchester, Tel. 514/873-20 15

Hotels

*******Hotel Inter-Continental**, 360 Rue St-Antoine Ouest, Montréal, Tel. 514/987-99 00, Fax 514/847-85 50, www.montreal.intercontinental.com. Architektonisch gelungenes Luxushotel am Rande der Altstadt.

*******Ritz-Carlton Montréal Hotel**, 1228 Rue Sherbrooke Ouest, Montréal, Tel. 514/842-42 12, Fax 514/842-33 83, www.ritzcarlton.com. Elegantes Ambiente mit Jetset-Flair.

******Auberge du Vieux Port**, 97 Rue de la Commune Est, Montréal, Tel. 514/876-00 81, Fax 514/876-89 23, www.aubergeduvieuxport.com. Stilvolles Hotel in einem schönen Altbau am alten Hafen. Mit gutem Restaurant.

******Holiday Inn Select Centre Ville**, 99 Avenue Viger Ouest, Montréal, Tel. 514/878-98 88, Fax 514/878-63 41, www.holiday-inn.com. Das aufgesetzte Pagodendach erinnert an die nahe gelegene Chinatown.

******Le Meridien Versailles**, 1808 Rue Sherbrooke Ouest, Montréal, Tel. 514/933-81 11, Fax 514/933-71 02, www.lemeridien.com. Zentral gelegenes Haus der gehobenen Mittelklasse.

****Hotel de Paris**, 901 Rue Sherbrooke Ouest, Montréal, Tel. 514/522-68 61, Fax 514/522-13 87, www.hotel-montreal.com. Günstigere Unterkunft in einer alten, stattlichen Villa.

Restaurants

Auberge le Vieux Saint-Gabriel, 426 Rue Saint-Gabriel, Montréal, Tel. 514/878-35 61. Authentische Québecer Küche, leicht veredelt.

Gibby's, 298 Place d'Youville, Montréal, Tel. 514/282-18 37. Empfehlenswertes Steakhaus in der Altstadt.

TOP TIPP **La Marée**, 404 Place Jacques Cartier, Montréal, Tel. 514/861-97 94. Raffinierte und fantasievolle französische Küche, für viele die beste der Stadt und dementsprechend teuer.

Schwartz's Delicatessen, 3895 Blvd. St-Laurent, Montréal, Tel. 514/842-48 13. Kleines schummriges Lokal, in dem man hervorragende ›Smoked meat sandwiches‹ essen kann.

15 Trois-Rivières

Pelze und Papier begründeten den Wohlstand der Stadt.

Gut 100 km östlich von Montréal, auf halber Strecke nach Québec City, befindet sich Trois-Rivières (120 000 Einw.). Anders als der Ortsname vermuten lässt, liegt die Stadt nur an einem Fluss, dem Saint-Maurice, der sich jedoch im Mündungsbereich in den St.-Lorenz-Strom in drei Arme teilt. 1634 gegründet, ist Trois-Rivières die zweitälteste Siedlung in Québec. Seinen wirtschaftlichen Aufschwung verdankte der Ort der verkehrstechnisch günstigen Lage – Pelzhandel und Holzwirtschaft waren lange Zeit die ökonomischen Säulen. Noch heute ist die Papier- und Zellstoffindustrie ein wichtiger Erwerbszweig.

Gelungen restauriert präsentiert sich die Altstadt mit ihren Häusern aus dem 18. Jh. Einige von ihnen können besichtigt

Vom mächtigen Château Frontenac dominiert, erstreckt sich die Altstadt von Québec City am Ufer des St.-Lorenz-Stroms

werden, etwa das **Manoir Boucherde-Niverville** in der Rue Bonaventure, in der heute die Tourismuszentrale untergebracht ist. Zu den besonderen Attraktionen zählt der 1697 errichtete **Couvent des Ursulines** (Juni–Sept. Di–So 9–17, sonst Mi–So 14–17 Uhr) in der gleichnamigen Straße. Vom Klostergarten genießt man einen schönen Blick auf den St. Lorenz. Im *Klostermuseum* werden alte Bücher, handwerkliche Arbeiten und religiöser Schmuck gezeigt.

i Praktische Hinweise

Information

Office du Tourisme, 1457 Rue Notre Dame, Trois-Rivières, Tel. 819/375-1122, Fax 819/375-0022

Hotels

*****Delta Trois-Rivières**, 1620 Rue Notre Dame, Trois-Rivières, Tel. 819/376-1991, Fax 819/372-5975, www.deltahotels.com. Zentral gelegene 150-Zimmer-Herberge mit Pool.

*****Hotel des Gouverneurs**, 975 Rue Hart, Trois-Rivières, Tel. 819/379-4550, Fax 819/379-3941, www.gouverneur.com. Zentral und doch recht ruhig in der Altstadt gelegenes Haus der gehobenen Mittelklasse.

16 Québec City

Plan Seite 73

Provinzmetropole mit französischem Charme.

Amerikaner, denen eine Reise nach Europa zu weit, anstrengend oder teuer ist, kommen gerne für ein verlängertes Wochenende nach Québec City. Hier glauben sie all das zu finden, was ›Good Old Europe‹ ausmacht: alte geduckte Steinhäuser, verwinkelte Gassen, Kopfsteinpflaster, Pferdekutschen und sogar eine richtige, gut erhaltene *Stadtmauer* aus den Jahren 1823–32, die einzige ihrer Art in Nordamerika.

Und in der Tat: Auch der europäische Tourist, der Québec City zum erstenmal besucht, ist angetan von ihrer Ausstrahlung. Seit die UNESCO 1985 die Altstadt auch noch in den Rang eines **Weltkulturerbes** stellte, umgibt Québec City endgültig die Aura der Einzigartigkeit. Hier wird die französisch geprägte Lebensart noch gepflegt, hier hat das ursprüngliche Québec zumindest in manchen Winkeln noch überlebt.

Während Montréal in der Provinz den Part der kosmopolitischen Metropole übernommen hat, gibt sich die Halbmillionenstadt Québec City gern als Bewahrerin des frankokanadischen Erbes – rund 95 Prozent der Einwohner sprechen Französisch als Muttersprache. Québec City ist aber auch Industrie- und Verwaltungs- sowie Universitätsstadt – und nicht zuletzt Sitz der *Provinzregierung*, für

Frostig frisch und fröhlich frech – der Karneval von Québec City zeigt auch bei Minusgraden freundliche Gesichter

die mehrere zehntausend Menschen tätig sind. Politisch ist Québec City eine Hochburg der separatistischen *Parti Québecois*.

Trotz der langen und strengen Winter verstehen es die Bewohner, auch während der kalten Jahreszeit kräftig zu feiern. Weltberühmt ist der **Karneval**, der seit mehr als 100 Jahren am ersten Donnerstag im Februar mit der Ankunft eines riesigen Schneemannes, des *Bonhomme Carnaval*, eingeläutet wird. Das fröhliche Treiben dauert zehn Tage, und zu den ›eisigen‹ Vergnügungen wie Eisschnelllauf, Schlittenhunderennen oder dem Bad der besonders Abgehärteten im kalten St. Lorenz strömen mehr als eine halbe Million Menschen. Krönender Abschluss der zahlreichen Festivitäten ist ein riesiges Feuerwerk.

Der St. Lorenz verdient in Québec City bereits wirklich den Namen Strom, denn er ist an dieser Stelle gut 800 m breit – der Hafen der Stadt gehört zu den drei größten Kanadas am Atlantik.

Geschichte *Jacques Cartier* war der erste Europäer, der – im September 1535 – an der Stelle der heutigen Stadt landete. Damals befand sich dort das Indianerdorf **Stadacona**. Die ansässigen Huronen wurden in den folgenden Jahrzehnten von den Indianern des Algonquin-Stammes vertrieben. Diese nannten das Mündungsgebiet des St.-Charles-Flusses in den St.-Lorenz-Strom **Kebec**, was übersetzt soviel wie ›Vereinigung der Gewässer‹ heißt.

Im Jahre 1608 errichteten die **Franzosen** unter *Samuel de Champlain* auf einem Felsplateau am Zusammenfluss von St. Charles und St. Lorenz ein Fort, das den Namen Québec erhielt. Strategisch war der Platz gut gewählt, da Überraschungsangriffe der Indianer auszuschließen waren. Wenige Jahre später kamen die Franziskaner nach Neufrankreich, um die Ureinwohner zu missionieren. Durch den Pelzhandel, die Entwicklung der Landwirtschaft und einen regen Warenbedarf der Entdecker und Pioniere, die ins Landesinnere aufbrachen, gewann die kleine Siedlung zunehmend an Bedeutung.

Gegen Ende des 17. Jh. wurden nicht mehr so sehr die Indianer, als vielmehr die **Engländer** zu einer Bedrohung für Québec. Mehrere Angriffe konnten zunächst erfolgreich abgewehrt werden. Doch 1759 kam es auf den *Plaines d'Abraham* zur entscheidenden Schlacht, bei der sowohl der französische *General Montcalm* als auch der englische *General Wolfe* starben. Durch den **Friedensvertrag von Paris** fiel 1763 Nouvelle France an England, bis 1854 hatte Québec City nun die Funktion einer Verwaltungshauptstadt für ganz Britisch-Nordamerika. 1774 erließ die britische Regierung den **Québec Act**, der der französischen Bevölkerung die kulturelle und religiöse Eigenständigkeit zubilligte.

Nach dem Ausbruch des Amerikanischen Unabhängigkeitskrieges 1776 belagerten **US-Truppen** Québec City. Als jedoch deren *General Montmorency* fiel, zogen sich die Angreifer zurück. Aus Sorge vor einer weiteren Bedrohung durch den Nachbarn im Süden wurden zwischen 1823 und 1832 die Befestigungsanlagen der Stadt weiter ausgebaut – eine erneute Offensive erfolgte allerdings nicht. Wirtschaftlich profitierte die aufstrebende Hafenstadt sowohl von der napoleonischen Kontinentalsperre in Europa (die Engländer waren gezwungen, ihren Rohstoffbedarf aus den Kolonien zu organisieren), als auch durch die Ansiedlung englischer Loyalisten, die nach der amerikanischen Unabhängigkeit im St.-Lorenz-Tal ein neues Zuhause suchten. Vor allem die *Holz-* und *Papierindustrie* sowie der *Schiffbau* entwickelten sich im 19. Jh. zu boomenden Branchen. 1867 wurde Québec Hauptstadt der gleichnamigen Provinz. Gegen Ende des Jahrhunderts geriet die Ökonomie der Stadt jedoch in eine schwere Krise: Zum einen zogen die Briten ihre Garnison ab, und mit ihnen verließen viele englischsprachige Bewohner die Stadt, zum anderen verlagerte sich der Schiffbau nach Montréal. Außerdem brach der Weizenhandel zusammen, weil der ›Corn belt‹ der westlichen Provinzen zunehmend wichtiger wurde.

1943 wurde die Stadt für einige Tage auf die politische Weltkarte gesetzt, als sich Franklin Delano Roosevelt, Winston Churchill und Kanadas Premier Mackenzie King in der **Konferenz von Québec** auf die Landung der alliierten Streitkräfte 1944 in der Normandie einigten.

In den späten 60er-Jahren des 20. Jh. wuchsen die Spannungen zwischen den Anglo- und den Frankokanadiern. *René Lévesque* gründete 1968 die nationalistische Partei **Parti Québecois**, die seither in mehreren Referenden erfolglos versucht hat, die Unabhängigkeit der Provinz vom kanadischen Mutterland zu erzwingen.

Besichtigung Québec City ist nicht allzu groß, die meisten Sehenswürdigkeiten sind daher bequem zu Fuß zu erreichen. Sie konzentrieren sich im Wesentlichen auf die Altstadt *Vieux Québec*, die wiederum in eine Oberstadt (Haute-Ville) und eine Unterstadt (Basse-Ville) aufgegliedert ist. In der *Neustadt*, die sich außerhalb der Stadtmauer befindet, liegen die meisten Verwaltungsgebäude, Wohnvororte und Industriegebiete.

Behagliche Eleganz mit der Patina von Jahrhunderten – Lobby des Château Frontenac

Vieux Québec – Haute-Ville

Den Rundgang beginnt man am besten beim *Wahrzeichen* der Stadt, dem berühmten Hotel **Château Frontenac** 1. Ursprünglich befand sich an dieser exponierten Stelle hoch über dem St.-Lorenz-Strom das Château Saint-Louis, in dem die Gouverneure von Neufrankreich residierten. Das nach einem früheren Gouverneur benannte Château Frontenac wurde 1892 als *Luxushotel* eröffnet. Bis in die 20er-Jahre des 20. Jh. hinein wurden jedoch mehrere Trakte hinzugefügt, etwa der gewaltige Turm, bis schließlich das heutige imposante Bauwerk entstanden war. Das Haus mit seinen gut 500 Zimmern gehört zur Kette der Fairmont Hotels und hat im Laufe der Zeit viele Prominente unter seinem Dach beherbergt.

TOP TIPP

Auf der Rückseite des Château Frontenac erstreckt sich die **Terrasse Dufferin** 2, von der man einen Panoramablick auf den breiten St.-Lorenz-Strom genießt und auf die Unterstadt sehen kann. Die aus Holzbohlen bestehende, fast einen halben Kilometer lange Promenade ist ein beliebter Treffpunkt der Einheimischen, im Winter dient sie als Eislauffläche. Ihren Beginn markiert ein Denkmal des Stadtgründers Samuel de Champlain. Am anderen Ende geht sie in die **Promenade des Gouverneurs** 3 über, einen Spazierweg, der direkt unterhalb der Festungsmauer entlangführt.

Etwa auf halber Höhe der Terrasse gelangt man über einige Treppen auf den von kleinen Häusern und Hotels umstandenen **Jardin des Gouverneurs** 4, den ein bemerkenswertes *Denkmal* schmückt: Hier wird der beiden feindlichen Generäle Montcalm und Wolfe, die bei der Schlacht um Québec im Jahre 1759 getötet wurden, in einem gemeinsamen Monument gedacht.

Oberhalb der Promenade des Gouverneurs, auf dem Cap Diamant rund 100 m über dem St. Lorenz, liegt die sternförmig angelegte **Citadelle** 5 (April tgl. 10–16, Mai/Juni 9–17, Juli/Aug. 9–18, Sept. 9–16, Okt. 10–15 Uhr, www.lacitadelle.qc.ca). Dieses zwischen 1820 und 1850 entstandene massive Befestigungssystem wird noch heute von der kanadischen Armee genutzt. Ein beliebtes sommerliches Schauspiel bieten die täglichen *Wachablösungen* am Morgen. Eine weitere Attraktion ist das im ehemaligen Pulverturm eingerichtete *Militärmuseum*.

Westlich angrenzend erstreckt sich das einstige Schlachtfeld Plaines d'Abraham im **Parc des Champs-de-Bataille** 6. Dort fand 1759 die entscheidende Konfrontation zwischen englischen und französischen Soldaten statt, die das Schicksal der französischen Kolonien in Nordamerika besiegelte. Heute erinnert beim Anblick von Spaziergängern, Joggern und Kindern jedoch wenig an die Geschichte der weitläufigen Grünanlage.

Über die Promenade des Gouverneurs gelangt man zurück ins Zentrum der Altstadt und zum früheren Paradeplatz, der *Place d'Armes* vor dem Château Frontenac. Heute beherrschen Straßenmusiker und Künstler die Szenerie. Beinahe an den Pariser Montmartre erinnert die kaum 3 m breite Gasse **Rue du Trésor** 7, unter deren Markisen Maler ihre Bilder zum Verkauf anbieten.

Unverzichtbar ist ein Besuch im **Musée du Fort** 8 (April–Okt. tgl. 10–17 Uhr, Nov./Febr./März Do–So 11–16 Uhr, www.museedufort.com) an der Ecke Rue Ste-Anne. Dort wird in einer liebevoll gestalteten Multivisionsschau die Stadtgeschichte effektvoll nacherzählt.

Auf der Westseite der Place d'Armes, an der Rue Ste-Anne, erhebt sich die **Cathédrale Anglicane** 9, die erste anglikanische Kirche außerhalb von Großbritannien. Das Gotteshaus aus dem Jahr 1804 erinnert stark an das Vorbild St. Martin-in-the-Fields in London.

Vis-à-vis liegt das **Musée de Cire** 10 (Mai–Okt. tgl. 9–22, Nov.–April 9–17 Uhr), ein Wachsfigurenkabinett, das in einem sehenswerten Haus aus dem 18. Jh. eingerichtet wurde. Hier werden wichtige historische Persönlichkeiten aus der Provinz Québec präsentiert.

Hinter dem Museum, in der Rue Buade, erhebt sich die **Basilique-Cathédrale Notre-Dame** 11, die aus einer 1633 von Samuel de Champlain errichteten Kapelle hervorgegangen ist. Eine Besich-

Oben: *Pariser Flair – Straßencafés säumen die Gassen rund um die Place d'Armes*
Unten: *Klein, aber fein – die schmale Rue du Trésor ist ein Marktplatz für Künstler*

tigung des *Innenraums* mit seinen schönen Glasfenstern und Malereien sollte man nicht versäumen.

Durch ein schmiedeeisernes Portal neben der Basilique-Cathédrale gelangt man zum **Séminaire** 12, das 1663 von Bischof Laval gegründet wurde. Aus diesem Priesterkolleg entwickelte sich Anfang des 19. Jh. die *Université Laval*, die bis zur Eröffnung des Sainte-Foy Campus 1950 hier untergebracht war. In den alten Seminargebäuden befinden sich die Universitätsbibliothek sowie eine Gemäldesammlung.

Durch belebte Gassen, deren Cafés und Restaurants zu einer Pause einladen, oder auf der Rue des Remparts entlang der Stadtmauer gelangt man zum **Hôtel Dieu de Québec** 13 (Di–Sa 9.30–12 und 13.30–17, So 13.30–17 Uhr), dem 1644 errichteten ältesten Krankenhaus Nordamerikas. Das zu einem *Augustinerinnen-Kloster* gehörende Hospital ist bis heute in Betrieb. Zu besichtigen ist neben der kleinen Kirche auch ein *Museum*, das vor allem wegen seiner Gemälde aus den Gründungstagen Neufrankreichs einen Besuch lohnt.

Vieux Québec – Basse-Ville

In die Unterstadt des alten Teils von Québec City gelangt man entweder von der Terrasse Dufferin schnell und bequem mit einer kleinen Bahn, der *Funicular*, oder zu Fuß über eine Treppe von der Place d'Armes sowie über die Côte de la Montagne.

Zentrum der Basse-Ville ist die **Place Royale** 14, an der sich 1608 die ersten französischen Einwanderer angesiedelt hatten. Als die Händler und Kaufleute zu Geld gekommen waren, bauten sie schmucke Wohnhäuser, deren restaurierte Fassaden noch heute von dem einstigen kolonialen Wohlstand künden. ›Königlich‹ heißt der Platz deshalb, weil Ende des 17. Jh. eine Büste zu Ehren von König Ludwig XIV. hier aufgestellt wurde. Die aus dem Jahr 1688 stammende kleine Kirche an dem ehemaligen Marktplatz verdankt ihren Namen **Notre-Dame-des-Victoires** 15 dagegen zwei siegreichen Schlachten gegen die Briten. 1759 wurde sie von den Engländern zerstört, später aber nach Originalplänen wieder hergestellt.

Nur wenige Schritte entfernt, in der Rue du Marché-Champlain, befindet sich das **Maison Chevalier** 16 (Juli/Aug. tgl. 10–17, Mai/Juni/Sept.–Mitte Okt. Di–So 10–17, sonst Sa/So 10–17 Uhr). Das aus dem 18. Jh. stammende Haus wartet mit einer Sammlung regionaler Volkskunst auf.

Nicht entgehen lassen sollte man sich am Nachmittag oder Abend die Atmosphäre rund um die **Rue du Petit-Champlain** 17. Musiker, Maler und Lebenskünstler aller Art treffen auf flanierende Touristen, die sich durch die engen Gassen schieben, in den kleinen Galerien

In neuem Glanz erstrahlen die schönen Steildachhäuser an der renovierten Place Royale

nach Inuit-Kunst Ausschau halten oder in einem der zahlreichen Restaurants einen Espresso trinken.

Über die Rue Dalhousie, von wo aus man einen schönen Blick hinauf zum Château Frontenac hat, erreicht man das **Musée de la Civilisation** 18 (Juli/Aug. tgl. 9.30–18.30, sonst Di–So 10–17 Uhr, www.mcq.org), das die architektonische Handschrift von *Moshe Safdie* trägt. In dem sehenswerten Museum werden die Geschichte und Kultur Québecs mit modernsten Mitteln eindrucksvoll dargestellt.

Jenseits der Rue St-André beginnt der **Vieux-Port** 19, der alte Hafen, der Ende des 18./Anfang des 19. Jh. einen wichtigen Beitrag zur Wirtschaft der Stadt leistete. Hier wurden Segelschiffe gebaut, auch für den europäischen Markt. Als Eisen und Stahl Holz als bevorzugtes Baumaterial jedoch ablösten, sank seine Bedeutung rapide. Heute ziehen die in den vergangenen Jahren restaurierten Hafenanlagen viele Besucher an. Wer Näheres über den Hafen und den Schiffbau erfahren möchte, ist im *Centre d'Interprétation* in der Rue St-André gut aufgehoben.

Außerhalb der Stadtmauern

Von der *Place d'Armes* führt die Rue St-Louis in südwestlicher Richtung in die Neustadt. Schon bald sieht man den riesigen Komplex des **Monastère des Ursulines** 20, in dem der französische General Montcalm beigesetzt wurde. Durch die **Porte Saint-Louis** 21 schließlich verlässt man die Altstadt. Unmittelbar hinter dem Stadttor beginnt die **Grande-Allée** 22. Diese großbürgerliche Straße ist eine der prachtigsten in Québec City. Vornehme Häuser im viktorianischen Stil reihen sich aneinander, zahlreiche Cafés und Restaurants sorgen bis spät in den Abend hinein für viel Leben.

Rechter Hand erhebt sich das wuchtige **Hôtel du Parlement** 23 (Juli/Aug. Mo–Fr 9–16.30 Sa/So 10–16.30, sonst Mo–Fr 9–16.30 Uhr, www.assnat.qc.ca), auf dessen hohem Turm in der Mitte trotzig die blauweiße Fahne der Provinz Québec weht. Im Inneren des 1887 entstandenen schlossartigen Gebäudes werden Führungen durch den *Saal der Nationalversammlung* und den *Saal der Legislative* angeboten.

Der Grande-Allée stadtauswärts folgend, erreicht man nach rund 2 km das am Ende der Av. Wolfe Montcalm im Parc

Auf den Stuhl gekommen – Alltagsgeschichte im Musée de la Civilization

des Champs-de Bataille liegende **Musée national des beaux-arts du Québec** 24 (Juni–Aug. tgl. 10–18, Mi bis 21, Sept.–Mai Di–So 10–17, Mi bis 21 Uhr, www.mnba.qc.ca) Seit 2006 ist hier die sehenswerte Sammlung *Art Inuit Brousseau*, die sich der Kunst der Eskimos widmet, beheimatet. Ansonsten präsentiert das Museum neben Künstlern der Provinz Québec vom 18. Jh. bis zur Gegenwart internationale Ausstellungen.

Im Stadtteil Sainte-Foie, in dem sich auch der moderne Campus der Universität Laval befindet, lohnt das **Aquarium du Québec** (Avenue des Hôtels, Mai–Sept. tgl. 10–17, sonst tgl. 10–16 Uhr, www.parcaquarium.ca) einen Besuch. Mit rund 3000 Fischen und Reptilien zählt es zu den größten in Kanada.

Ausflüge

Nicht weit entfernt von der Stadt liegt inmitten des St.-Lorenz-Stroms die **Île d'Orléans**, eine etwa 35 km lange und 8 km breite Insel, die Jacques Cartier wegen ihrer Fruchtbarkeit die ›Bacchusinsel‹ nannte. Später wurde sie zu Ehren des Herzogs von Orléans umgetauft. Wenn man heute die Insel besucht, hat man den Eindruck, die Zeit sei stehen geblieben. Schicke Wochenendhäuser reicher Städter finden sich hier ebenso wie alte Bauernhäuser.

Etwa 10 km nördlich von Québec City wartet ein Naturschauspiel der besonderen Art auf den Besucher. Schon von

Majestätische Gewalt: Die Montmorency Falls stürzen 83 m in die Tiefe

TOP TIPP

weitem hört man das gewaltige Dröhnen der **Montmorency Falls**. Hier stürzen sich die Wassermassen über eine Felskante 83 m in die Tiefe. Sie haben damit eine größere Fallhöhe als die Niagara Falls [s. S. 30]. Mit einer *Seilbahn* kann man vom *Informationszentrum* in wenigen Minuten auf das Plateau fahren und, über eine schmale *Hängebrücke* balancierend, wenige Meter über der Kante in die tosende Gischt blicken. Um die Wasserfälle herum hat man einen Park angelegt, in dem sich das *Manoir Montmorency* befindet, das Ende des 18. Jh. für einige Zeit das Haus des Herzogs von Kent war. Auf der anderen Seite der Hängebrücke wurden *Holztreppen* in den Hang gebaut. Von dort hat man eine besonders gute Sicht auf das Wasser. Der Rundgang endet am Informationszentrum. Ein einzigartiges Erlebnis bietet sich dem Besucher auch im Winter: Dann gefrieren die beachtlichen Wassermassen der Fälle zu bizarren Eisformationen.

i Praktische Hinweise

Information

Québec City Tourism, 399 Saint-Joseph Est, Québec City, Tel. 418/641-66 54, Fax 418/641-65 78, www.quebecregion.com

Hotels

*******The Fairmont Château Frontenac**, 1 Rue des Carrières, Québec City, Tel. 418/692-38 61, Fax 418/692-17 51, www.fairmont.com/frontenac. Unübersehbar die Nummer eins unter den Hotels der Stadt. Die luxuriöse Unterkunft ist das Domizil vieler Prominenter.

******Hilton Québec**, 1100 Blvd. René Lévesque Est, Québec City, Tel. 418/647-24 11, Fax 418/647-37 37, www.hilton.com. Modernes Haus mit allem Komfort in schöner Lage.

******Le Clarendon**, 57 Rue Ste-Anne, Québec City, Tel. 418/692-24 80, Fax 418/692-46 52, www.www.hotelclarendon.com. Stilvolles Hotel der gehobenen Mittelklasse, zentrale Lage in der Altstadt.

Restaurants

TOP TIPP **Aux Anciens Canadiens**, 34 Rue St-Louis, Québec City, Tel. 418/692-16 27. Der Klassiker: Im ältesten Restaurant der Stadt (seit 1675) wird authentische Québecer Küche ›wie bei Muttern‹ aufgetischt.

Crêperie Le Petit Château, 5 Rue St-Louis, Québec City, Tel. 418/694-16 16. Crêpes, wie sie auch in der Bretagne nicht besser sein könnten.

Gambrinus, 15 Rue du Fort, Québec City, Tel. 418/692-51 44. Französische und italienische Küche mit königlichem Blick auf das Château Frontenac.

Le Commensal, 860 Rue St-Jean, Québec City, Tel. 418/647-37 33. Lockere Pub-Atmosphäre, vegetarische Küche.

Pub Saint-Alexandre, 1087 Rue St-Jean, Québec City, Tel. 418/694-00 15. Englisches Pub mit Dutzenden von Biersorten und rustikaler Küche.

17 Tadoussac

Walbeobachter kommen hier voll auf ihre Kosten.

Am nördlichen Ufer des St.-Lorenz-Stroms, an der Mündung des fjordartigen Flusses *Saguenay*, liegt das Städtchen Tadoussac, das sich hervorragend als Ausgangspunkt für **Whale-Watching-Touren** eignet. Der Saguenay, an dieser Stelle mehrere Kilometer breit und 250 m tief, zieht in seine nährstoffreichen Gewässer vor allem *Buckel-*, *Finn-* und *Blauwale*, die man im Sommer von den Ausflugsschiffen oft hautnah beobachten kann, wenn sie an der Oberfläche auftauchen und nach einigen kühnen Beispielen ihrer Schwimmkunst wieder in der Tiefe verschwinden. Die Bootsbegleiter informieren ausführlich über die verschiedenen Walarten.

Per Kutsche zum Dinner – Restaurant Aux Anciens Canadiens an der Place d'Armes

Praktische Hinweise

Walbeobachtung

Famille Dufour Cruise, Hotel Tadoussac, Tadoussac, Tel. 418/235-44 21

Les Croisières Express, 161 Rue des Pionniers, Tadoussac, Tel. 418/235-47 70

Reservierung wird jeweils empfohlen!

Hotel

******Hotel Tadoussac**, 165 Rue Bord de l'Eau, Tadoussac, Tel. 418/235-44 21, Fax 418/235-46 07, www.hoteltadoussac.com. Das nicht ganz preiswerte Hotel mit herrlichem Blick über den St. Lorenz ist mit seinem kräftig roten Dach der Blickfang des Ortes.

Mit weitem Ausblick und weithin sichtbar – Hotel Tadoussac am Ufer des St. Lorenz

Von Wind und Wasser geformt – der riesige Felsen im Meer ist berühmter Blickfang des beschaulichen Ortes Percé ▷

Wale in Sicht

Die günstigste Zeit, um die zahlreichen Walarten vor der Küste von Tadoussac zu beobachten, sind die Monate Juni bis August, wenn die gigantischen Säuger mit ihren Kälbern nordwärts in ihr arktisches Sommerquartier ziehen.

Mit etwas Glück sieht man dabei auch **Blauwale**, die mit bis über 30 m Länge und bis 130 t Gewicht größten ihrer Art und zugleich größten aller Tiere. Wegen ihrer graugelben Tupfen haben sie auch den Spitznamen ›Schwefelbauch‹.

Einen überwältigenden Anblick bieten außerdem die **Buckelwale**, die sich trotz ihres Gewichts von rund 30 t überraschend elegant und behende durch die Fluten bewegen. Ein unvergessliches Erlebnis ist es, wenn einer der Riesen in der Nähe eines Ausflugsschiffs auftaucht und mit ohrenbetäubendem Getöse einen Sprühregen über das Boot bläst.

Die **Finnwale**, die mit bis 25 m Länge und rund 40 t Gewicht ebenfalls zu den größeren Meeressäugern zählen, bleiben gewöhnlich weiter draußen in tieferem Wasser. Eines ihrer Charakteristika ist die Färbung: Die linke Seite des Kopfes und der Barten ist schwarz, die rechte Seite aber weiß.

18 Gaspésie

Einsame Halbinsel und raue Landschaft.

Der Highway 132 führt am südlichen Ufer des St. Lorenz Richtung Rimouskie und weiter nach Gaspé. Auch dieses Wort entstammt der Indianer-Sprache und bedeutet soviel wie ›das Ende der Welt‹. Die Halbinsel ist rau, die Küste im Norden schroff und die Zahl der Bewohner sehr gering.

Wer die Einsamkeit liebt und Natur pur erleben will, der ist hier genau richtig. Doch sollte man sich frühestens Mitte Mai mit dem Wagen auf den Weg machen. Denn vorher kann es durchaus passieren, dass man in einer meterhohen Schneeverwehung steckenbleibt und im Auto übernachten muss.

Jacques Cartier umsegelte die Halbinsel 1534 zum erstenmal und nahm sie für seinen König in Besitz. In den folgenden Jahrhunderten siedelte sich in der

Die erste Begegnung Jacques Cartiers mit den kanadischen Ureinwohnern erzählt ein detailreiches Denkmal in Gaspé

unwegsamen Landschaft ein buntes Völkergemisch aus Basken und Bretonen, Engländern und Akadiern an.

Die meisten Ortschaften liegen noch heute an der Südseite des St. Lorenz, an der die Kolonisation dieses Landstrichs ihren Ursprung hatte. Manche der Städte sind relativ unansehnliche Industriestandorte wie *Rimouskie*, andere hübsche kleine Flecken wie **St-Jean-Port-Joli**, das als Zentrum Québecer Holzschnitzer-Tradition bekannt ist. Dort kann man günstig die Produkte der Künstler und Handwerker erstehen, denen man auch bei der Arbeit zuschauen darf. **Rivière-du-Loup** und **Trois-Pistoles** sind ebenfalls besuchenswerte kleine Städtchen, die bereits im 17. Jh. auf der Landkarte standen.

In *Ste-Anne-des Monts* zweigt eine Straße in das Landesinnere ab. Man erreicht südlich des Ortes den **Parc de la Gaspésie**, der zu Wander-, Kanu- oder im Winter zu Skitouren einlädt. Mit etwas Glück sind dabei auch Großtiere wie Ka-

Zwei Tölpel bei zärtlicher Federlese – Vogelalltag auf der Île Bonaventure

ribus, Elche und Rehe zu beobachten. Markanter Blickpunkt ist der *Mont Jacques Cartier,* der mit seinen 1300 m den Höhenrekord in Ostkanada hält.

Der Küstenstraße Richtung Osten folgend, kommt man nach **Cap-des-Rosiers**, wo der St. Lorenz in den Atlantischen Ozean mündet. An dieser Stelle ist der Fluss gigantische 170 km breit.

Größter Ort und mit seinem tiefen Naturhafen, in dem selbst Ozeandampfer vor Anker gehen können, Wirtschaftszentrum der Halbinsel ist die Stadt **Gaspé** (20 000 Einw.). An die Landung Jacques Cartiers 1534, der hier erstmals nordamerikanischen Boden betrat, erinnert ein großes *Kreuz* in Hafennähe. Das örtliche *Museum* (Juli–Mitte Okt. tgl. 9–17, Mitte Okt.–Juni Di–Fr 9–12 und 13–17, Sa/So 13–17 Uhr) informiert über das Leben des Forschers und anderer Entdecker.

TOP TIPP Die Hauptattraktion für Besucher ist jedoch das Fischerdorf **Percé** mit dem Felsen *Rocher Percé* – ein gewaltiger Block von fast 440 m Länge und 90 m Höhe, in den Wind und Wetter im Laufe der Zeit ein Felstor gegraben haben. Über einen schmalen Kiesstreifen kann man bei Ebbe zu dem Kalkstein-Klotz hinübergehen. Einen der schönsten Blicke über den Ort, die Bucht und den Rocher Percé genießt man vom *Mont Sainte-Anne*, einen ehemals heiligen Berg der Micmac-Indianer. Vom Hafen aus fahren regelmäßig Boote zur Vogelschutzinsel **Île Bonaventure**. Dort kann man auf markierten Wanderwegen riesige Vogelkolonien erkunden.

Ein weiteres Naturerlebnis bietet der nahe gelegene **Forillon National Park**. Das 240 km² große Areal weist die typische Vegetation und Morphologie des atlantischen Kanada auf. Große Wälder und steil abfallende Klippen dominieren die Landschaft. Schwarzbären, Elche und Biber finden sich in den Bergen, Wale und Seehunde werden vor allem im Herbst an der Küste gesichtet.

Am südlichen Ende der Gaspé-Halbinsel, das landschaftlich lieblicher und weniger schroff als der Norden ist, liegt der Ferienort **Bonaventure**. Das Dorf verdankt seinen Namen dem Schiff eines französischen Seefahrers, der 1591 die Bucht erkundete. Anziehungspunkte sind vor allem der an *Lachsen* reiche Fluss und das kleine *Musée Acadien du Québec* (Juli/Aug. tgl. 9–18, Sept.–Mitte Okt. tgl. 9–17, Mitte Okt.–Mai Mo–Fr 9–12 und 13–16.30, Sa/So 13–16.30 Uhr, www.museeacadien.com), in dem Zeugnisse der Kultur der frühen Siedler bewahrt sind.

i Praktische Hinweise

Information

Association touristique de la Gaspésie, 357 Route de la Mer, Sainte-Flavie, Tel. 418/775-22 23, Fax 418/775-22 34, www.tourisme-gaspesie.com

Hotels

******Hotel La Normandie**, 221 Route 132 Ouest, Percé, Tel. 418/782-21 12, Fax 418/782-23 37, www.normandieperce.com. An der Küste gelegenes Haus mit Blick auf den Rocher Percé.

*****Auberge des Commandants**, 178 Rue de la Reine, Gaspé, Tel. 418/368-33 55, Fax 418/368-17 02. Moderne Zimmer mit schöner Aussicht auf die Bucht.

Camping

Parc de la Gaspésie, Tel. 418/763-22 88, Fax 418/763-78 03

Parc National Forillon, Tel. 418/368-60 50 (Sommer), 418/368-55 05 (Winter), Fax 418/368-68 37

Die Plätze in den Parks sind jeweils Juni–Sept. geöffnet.

Restaurants

L'Ancêtre, 55 Blvd. York Est, Gaspé, Tel. 418/368-43 58. Meeresfrüchte-Restaurant mit schönem Blick auf den Ort. Außenterrasse.

Le Bourlingueur, 167 Rue de la Reine, Gaspé, Tel. 418/368-43 23. Fisch, Meeresfrüchte und chinesische Küche in nettem Kleinstadt-Ambiente.

New Brunswick – weitgehend unbekannte Provinz mit grandioser Natur

New Brunswick gehört zu den unbekannteren Ecken Kanadas und wird von ausländischen Touristen kaum besucht. Dabei hat die Provinz einiges zu bieten: das grandiose *Naturschauspiel* an der **Bay of Fundy** etwa oder einige der besten *Lachsflüsse* der Welt wie den Miramichi. Daneben gibt es architektonische Zeugnisse der Besiedlung des Landes zu bewundern – Freilichtmuseen wie in **Kings Landing** oder **Caraquet** geben ein Bild vom Alltag der frühen Bewohner aus dem alten Europa. 4000 Siedlern aus Braunschweig, die 1776 mit General Riedesel an der Küste landeten, verdankt die Provinz auch ihren Namen.

New Brunswick, knapp 75 000 km² groß, ist mit einer dreiviertel Million Einwohnern relativ dünn besiedelt. Die meisten Städte – so auch die Provinzkapitale **Saint John** – liegen am Meer. Das große Herzstück, die Region um **Northumberland**, ist dicht bewaldet und von zahlreichen Flüssen und Seen durchzogen. Und an der Küste lohnen zwei *Provinz- und Nationalparks* einen Besuch: der **Fundy National Park** und der **Kouchibouguac National Park**.

19 Fredericton

Charmante Kleinstadt mit akadischen Wurzeln.

Die sehr übersichtlich angelegte Provinzkapitale am Saint John River mit ihren eleganten Häusern und reichem Baumbestand – auch Bischofs- und Universitätsstadt – hat gerade einmal 50 000 Einwohner. Gegründet wurde sie 1732 als Siedlung der Akadier, um 1770 kamen die ersten englischen Loyalisten aus Amerika und nannten sie nach einem Sohn von King George III. Frederickstown. 15 Jahre später wurde der Ort zur Provinzhauptstadt erklärt.

Ein Name ist untrennbar mit der neueren Geschichte von Fredericton verbunden: *Lord Beaverbrook*, der mit seinen großzügigen Geschenken an die Stadt entscheidend zu ihrer Bedeutung als

Im Farbenzauber der Dämmerung – Fredericton am Ufer des Saint John River

kulturelles Zentrum der Region beigetragen hat. Eine der wichtigsten Hinterlassenschaften des Lords ist die 1959 von ihm errichtete **Art Gallery** (703 Queen Street, tgl. 9–17.30, Do bis 21 Uhr, www.beaverbrookartgallery.org). Man ist überrascht, eine so ausgesuchte Sammlung in der kanadischen Provinz vorzufinden. Gemälde von Dalí und Delacroix, Botticelli und Turner sowie Werke der Group of Seven [s. S. 27] sind in den Ausstellungsräumen zu bewundern.

Der kanadische Lord, der als Pressezar zu Reichtum kam, begegnet dem Besucher erneut bei einem Spaziergang über die Promenade **The Green**, die über mehrere Kilometer am Saint John River entlangführt. Dort steht ein von ihm gestifteter marmorner *Brunnen*.

Das äußerst imposante **Parlamentsgebäude** (Mai–Aug. tgl. 9–19, sonst Mo–Fr 9–16 Uhr, www.gnb.ca) an der Ecke Queen/Saint John Street vis-à-vis vom Kunstmuseum wurde 1882 erbaut und besitzt einen sehenswerten Sitzungssaal sowie eine schöne Bibliothek.

Eine Querstraße weiter, an der Church Street, steht die anglikanische **Christ Church Cathedral** (Mo–Fr 8.30–16 Uhr) von 1853. Sie ist Bischofssitz und besitzt im Inneren sehenswerte *Glasmalereien*.

Zur Feier des Tages – kostümierte Rotröcke vor der City Hall von Fredericton

Fast wie in der guten alten Zeit – inszenierter Siedleralltag in Kings Landing

Eine neuere Attraktion von Fredericton ist das ehemalige Gefängnis *Old County Jail* in der nahe gelegenen Brunswick Street, das 1999 in ein interaktives **Science Centre** (Juni–Aug. Mo–Sa 10–17, So 13–16, Sept.-Dez./Febr.–Mai Di–Fr 12–17, Sa 10–17 Uhr, www.scienceeast.nb.ca) umgewandelt wurde.

Auf der Queen Street stadteinwärts passiert man kurz hinter der Art Gallery an der St. John Street das vom Mäzen der Stadt gestiftete **Playhouse Theatre** sowie schräg gegenüber das noble **Hotel Beaverbrook** und erreicht rechts das **York-Sunbury Historical Museum** (Juli/Aug. tgl. 10–17, sonst Di–Sa 13–16 Uhr). In diesem Gebäude auf dem Grund des ehemaligen britischen Militärhauptquartiers wird die Geschichte der Region seit den indianischen Ureinwohnern dargestellt.

Ausflüge

Wer ausreichend Zeit hat, sollte die Stadt Richtung Westen verlassen und über den Highway 2 nach **Kings Landing** fahren. Nach gut 30 km erreicht man das historische *Freilichtmuseum* (Juni–Sept. tgl. 10–17 Uhr, www.kingslanding.nb.ca) am Saint John River. Wie in vielen anderen Museen dieser Art spielen Laiendarsteller das Leben der Siedler im 18. und 19. Jh. nach. Auf dem Gelände stehen u. a. Farmhäuser, eine Kirche, Geschäfte und eine Schmiede.

Eine Autostunde nördlich von Fredericton erwarten passionierte Angler am **Miramichi River** reiche Fischgründe. Der Fluss, der bei der gleichnamigen Ortschaft in den St. Lorenz mündet, gilt unter Kennern als einer

TOP TIPP

der weltweit besten *Lachsgründe* (Atlantic Salmon). Selbst Ungeübte werden am Miramichi River schnell zu einem Erfolgserlebnis kommen – jedes Jahr machen Rekordfänge die Runde, bei denen Prachtexemplare von bis zu 50 Pfund aus dem Wasser gezogen werden. Daneben ist der Miramichi auch Heimat für Flussbarsche und Forellen. In der Nähe der Quelle bei *Boiestown* kann man sich im weithin bekannten *McCloskey's General Store* mit der nötigen Ausrüstung versorgen. Wer nach dem ›praktischen Teil‹ sein Wissen über den Lachs vertiefen möchte, ist im *Miramichi Atlantic Salmon Museum* (Mitte April–Mai Mo–Fr 9–17, Juni–Mitte Okt. tgl. 9–17 Uhr) in Doaktown bestens aufgehoben.

Praktische Hinweise

Information

Tourist Office, 11 Carleton Street, Fredericton, Tel. 506/460-20 41, Fax 506/460-24 74, www.fredericton.ca

Hotels

******Delta Hotel**, 225 Woodstock Road, Fredericton, Tel. 506/457-70 00, Fax 506/457-40 00, www.deltahotels.com. Das Hotel am Ufer des Saint John River hat eine eigene Bootsanlegestelle.

*****Lord Beaverbrook**, 659 Queen Street, Fredericton, Tel. 506/455-33 71, Fax 506/455-14 41, www.lordbeaverbrookhotel.com. Zentral gelegenes Hotel mit stilvoll eingerichteten Zimmern, Fitness-Center und Pool.

Vom Feinsten – Lachs aus den Flüssen New Brunswicks auf dem Old City Market in Saint John oder selbst geangelt

Downtown Saint John – das beschauliche Stadtzentrum mit Market Square und New Brunswick Museum (vorne rechts)

Restaurants

Terrace Dining Room, 659 Queen Street, Fredericton, Tel. 506/455-33 71. Das Restaurant des Hotel Lord Beaverbrook ist stadtbekannt für seine gute Seafood-Küche.

The Dip Pool Bar, 225 Woodstock Road, Fredericton, Tel. 506/457-70 00. Steaks und Fisch sind hier gleichermaßen ein Genuss.

20 Saint John

Größte Stadt der Provinz mit einem der wenigen ganzjährig eisfreien Häfen Kanadas.

Fährt man südlich aus Fredericton hinaus, gelangt man in anderthalb Stunden über den Highway 7 nach Saint John. Die 90 000-Einwohner-Stadt an der Mündung des Saint John River in die Bay of Fundy ist die größte der Provinz und besitzt wie Halifax [Nr. 29] und St. John's [Nr. 50] einen ganzjährig eisfreien Hafen. Die Anfänge der Stadt liegen in der Mitte des 17. Jh., als *Charles de la Tour* hier die erste feste Ansiedlung gründete. Einen herben Rückschlag erlitt sie 1877, als ein verheerender Großbrand weite Teile der Stadt in Schutt und Asche legte. Heute ist Saint John ein wichtiger Industriestandort.

TOP TIPP

Hauptattraktion sind die **Reversing Falls** am Saint John River kurz vor dessen Mündung in die Bay of Fundy. Dieses auf der Welt einzigartige Schauspiel eines rückwärts strömenden Flusses entsteht durch einen Tidenhub von rund 15 m in der Fundy-Bucht. Wenn die Flut den Wasserstand in der Bay höher steigen lässt als den des Saint John River, ergießt sich das Meerwasser in den Fluss, der dann mit gewaltiger Kraft rückwärts gedrängt wird. Bei einsetzender Ebbe ändert der Saint John River wieder seine Fließrichtung und strömt von neuem dem Atlantik entgegen. Am besten lässt sich dieses viermal täglich stattfindende Naturereignis vom *Fallsview Park* aus direkt am Highway 100 beobachten.

Ein guter Ausgangspunkt für einen Rundgang durch die Innenstadt ist der **Market Square** am Hafen. Zu dem in den 80er-Jahren des 20. Jh. errichteten Komplex gehören eine überdachte Shopping Mall mit Boutiquen und Cafés, Apartmenthäuser, restaurierte Lagerhallen sowie das sehenswerte **New Brunswick Museum** (Mo–Mi/Fr 9–17, Do 9–21, Sa 10–17, So 12–17 Uhr, www.nbm-mnb.ca), dessen Eingangsbereich sich zum Einkaufsareal hin öffnet. Das Museum wurde bereits Ende des 18. Jh. gegründet und zählt damit zu den ältesten in Kanada. Zu den Schwerpunkten der Sammlung gehören die Geschichte der Provinz und indianische Kunst. Hauptattraktionen sind die riesigen Walskelette, deren Größe nicht nur Kinderaugen beeindruckt.

Shopping, Kaffeepause oder Museumsbesuch – der Market Square hat für jeden Geschmack etwas zu bieten

Ganz in der Nähe, Ecke Union/Germain Street, erhebt sich das 1810 errichtete **Loyalist House** (Juli–Sept. tgl. 10–17, Juni Mo–Fr 10–17 Uhr). Das alte Gebäude mit seiner sehenswerten Inneneinrichtung wurde als eines der wenigen von dem großen Stadtbrand 1877 verschont.

Nur einen Block entfernt, in der Charlotte Street, lohnt der **Old City Market** (Mo–Do 7.30–18, Fr bis 19, Sa bis 17 Uhr, www.sjcitymarket.ca) mit seinem bunten Treiben einen Besuch. Die seit rund 120 Jahren bestehende Markthalle bietet neben Obst und Gemüse auch frische Meeresfrüchte an, vor allem Hummer.

Reversing Falls – viermal am Tag ändert der Saint John River seine Fließrichtung

i Praktische Hinweise

Information

Tourism Saint John, 15 Market Square, Saint John, Tel. 506/658-29 90, Fax 506/632-61 18, www.tourismsaintjohn.com

Hotels

****__Hilton Saint John__, 1 Market Square, Saint John, Tel. 506/693-84 84, Fax 506/657-66 10, www.hilton.com. Bestes Haus am Platz mit allem Komfort eines großen Kettenhotels.

***__Howard Johnson Hotel__, 400 Main Street, Saint John, Tel. 506/642-26 22, Fax 506/658-15 29, www.hojo.com. Hotel mit zweckmäßig eingerichteten Zimmern, Fitness-Center und Pool.

Restaurants

Reggie's, 26 Germain Street, Saint John, Tel. 506/657-62 70. Bekannt für gute Clam Chowder.

Turn of the Tide, 1 Market Square (Hilton Hotel), Saint John, Tel. 506/693-84 84. Teures Restaurant mit ausgezeichneter Küche. Hafen-Panoramablick.

21 St. Andrews

Zweitwohnsitz wohlhabender Kanadier und Amerikaner.

Fährt man von Saint John über den Highway 1 der Küste entlang nach Westen, erreicht man den an der Passamaquoddy Bay gelegenen Ferienort St. Andrews. Reiche Kanadier und Amerikaner – die Grenze ist nur wenige Kilometer entfernt – erkoren den 1783 von englischen Loyalisten gegründeten Ort zu ihrem Sommersitz und bauten sich standesgemäße viktorianische Villen.

Neben dem beschaulich eleganten Zentrum lohnt das **Huntsman Marine Aquarium Museum** (Juni–Aug. tgl. 10–17, Sept. Do–So 10–17 Uhr, www.huntsmanmarine.ca) etwas außerhalb im Grünen einen Besuch. Ein Rundgang gibt interessante Einblicke in die Geschichte und Technik des Fischfangs sowie in die Unterwasserwelt der Bay of Fundy.

i Praktische Hinweise

Hotels

****__The Fairmont Algonquin__, 184 Adolphus Street, St. Andrews, Tel. 506/529-88 23, Fax 506/529-71 62, www.fairmont.com. Schickes Resorthotel mit vielen Sportangeboten.

Alles Wal – im New Brunswick Museum lässt sich das Innenleben der riesigen Säugetiere hautnah bestaunen

*** **Tara Manor Inn**, 559 Mowatt Drive, St. Andrews, Tel. 506/529-33 04, Fax 506/529-47 55, www.taramanor.com. Historisches kleines Haus mit geschmackvoll eingerichteten Zimmern.

22 Fundy National Park

Steile Klippen, tiefe Schluchten und dichte Wälder.

Der 1948 gegründete Nationalpark, der sich über eine Fläche von 206 km² an der Bay of Fundy erstreckt, zählt zu den populärsten Ausflugszielen der Region. Beeindruckend ist vor allem das Schauspiel des **Gezeitenwechsels**, der die Küstenlandschaft innerhalb kurzer Zeit völlig verändert. Dieser größte Tidenhub der Welt hat teils bizarre Formen aus den *Sandsteinklippen* herausgebildet, die zuweilen bis zu 60 m senkrecht in die Bay of Fundy abfallen.

Das bewaldete Innere des Parks, das durch ein Netz von **Wanderwegen** erschlossen ist, wird von fischreichen, teils tief in die Landschaft gegrabenen Flüssen durchzogen. Hier lassen sich mit etwas Glück und Geduld auch Elche, Biber, Hirsche oder sogar Kojoten beobachten.

Ebbe und Flut als kunstvolle Bildhauer – bizarre Felsformation an der Bay of Fundy

Praktische Hinweise

Information

Visitor Centre, Parkeingang bei Alma, Tel. 506/887-60 00, Fax 506/887-60 08 (Sommer tgl. 8–22, Frühjahr/Herbst tgl. 8–16.30 Uhr). Informationen zu Hiking-Touren, Angel- und Campingmöglichkeiten etc.

23 Moncton

Der Gezeitenwechsel und ein magnetischer Hügel sind die Attraktionen der Stadt.

Ungefähr 100 km nordöstlich von Saint John liegt Moncton, die mit 58 000 Einwohnern zweitgrößte Stadt der Provinz. Ihre Gründung geht auf Akadier, deutsche Einwanderer und englische Loyalisten zurück, benannt ist sie nach dem englischen Offizier *Robert Moncton*, der das bereits im 17. Jh. an dieser Stelle bestehende Fort Beausejour eingenommen hatte.

Auch hier lässt sich das eindrucksvolle Szenario des starken **Gezeitenwechsels** gut beobachten. Erreicht man Moncton bei Ebbe, ist der Petitcodiac River, an dessen Ufern sich das Städtchen erstreckt, nicht mehr als ein bescheidenes Rinnsal. Wenn die Flut einsetzt, schwillt der Fluss binnen kurzer Zeit zu einem mächtigen Strom an. Neben diesem Naturschauspiel, das man am besten vom **Boreview Park** (Parc du Mascaret) aus in der Ortsmitte verfolgen kann, gilt der **Magnetic Hill** als zweite Attraktion. Auf diesem ›magnetischen‹ Hügel rund 10 km nordöstlich vom Zentrum (Hwy 2, Exit 488 A/B) fahren Autos im Leerlauf selbstständig rückwärts den Berg hinauf. Die Erklärung für dieses Phänomen beruht allerdings auf einer optischen Täuschung. Ein angrenzendes Vergnügungsgelände mit Restaurants und Souvenirgeschäften bietet zusätzliche Abwechslung.

Praktische Hinweise

Information

Tourism Moncton, City of Moncton, 655 Main Street, Moncton, Tel. 506/853-35 90, Fax 506/859-26 29, www.gomoncton.com

Hotel

******Delta Beausejours**, 750 Main Street, Moncton, Tel. 506/854-43 44, Fax 506/858-09 57, www.deltahotels.com. Geschmackvolle Zimmer, Pool.

Restaurant

Le Château à Pape, Steadman Street, Moncton, Tel. 506/855-72 73. Am Hafen gelegenes Seafood-Restaurant mit äußerst schmackhaften Fisch- und Meeresfrüchtegerichten.

24 Kouchibouguac National Park

Kilometerlange Dünen, Sandstrände und Lagunen.

›Fluss der langen Tiden‹ nannten die Micmac-Indianer die Region, die seit 1969 Nationalpark ist. Er schützt an der Ostküste von New Brunswick auf einer Fläche von 240 km^2 einige besondere Ökosysteme aus Marsch, Feuchtgebieten und Sümpfen, die für zahlreiche Wasservögel einen idealen Lebensraum bieten. Um den Besuchern deren Bedeutung näher zu bringen, wurden mehrere schöne Naturerlebnispfade angelegt, weitere Wanderwege führen in weniger zugängliche Bereiche des Parks.

i Praktische Hinweise

Information

Information Centre, Route 117, Kouchibouguac, Tel. 506/876-24 43, Fax 506/876-48 02. Eine frühzeitige Reservierung von Campingplätzen wird empfohlen.

25 Caraquet

Französische Siedler gründeten die Stadt.

Folgt man der küstennahen Straße 11 nach Norden, erreicht man alsbald die Kleinstadt Caraquet an der Baie des Chaleurs. Bei klarem Wetter kann man am gegenüberliegenden Ufer die Südküste der Gaspésie-Halbinsel erkennen. Caraquet ist ein bedeutender Fischerort und gilt als älteste französische Siedlung im Norden von New Brunswick. Im kleinen

Noch immer ein Blickfang – das alte Île Miscou Lighthouse ist bis heute in Betrieb

Die großen Hoffnungen der Siedler von einst sind im Village Historique Acadien bei Caraquet nachzuerleben

Musée Acadien (15 St. Pierre Blvd., Juli/Aug. tgl. 10–20, Juni/Sept. tgl. 10–18 Uhr) kann man sich über die Kunst und Kultur der frühen Siedler informieren.

Keinesfall auslassen sollte man einen Besuch des **Village Historique Acadien** (Juni–Aug. tgl. 10–18, Sept. bis 17 Uhr, http://villagehistoriqueacadien.com) einige Kilometer westlich von Caraquet. In diesem ausgedehnten Freilichtmuseum mit rund 40 Gebäuden, die von kostümierten Laiendarstellern belebt werden, erfährt man Einzelheiten aus dem Alltag akadischer Familien des 18. und 19. Jh.

Ausflug

Ein Abstecher zur **Île Miscou** bringt den Besucher zu einem 140 Jahre alten Leuchtturm. Die Insel eignet sich außerdem hervorragend zur Walbeobachtung und ist ein Paradies für Ornithologen.

i Praktische Hinweise

Hotels

******Paulin**, 143 Blvd St. Pierre Ouest, Caraquet, Tel. 506/727-99 81, Fax 506/727-48 08. Das ganzjährig geöffnete Hotel verfügt über zwölf frisch renovierte Zimmer.

****Auberge de la Baie**, 139 Boulevard St. Pierre, Caraquet, Tel. 506/727-34 85, Fax 506/727-36 34. Modernes Mittelklasse-Haus.

Prince Edward Island – Gartenprovinz mit ländlichem Charme

P.E.I. oder schlicht ›The Island‹ nennen die Bewohner ihre Insel, die als der *Geburtsort* des modernen kanadischen Staates gilt. Denn hier kamen Anfang September 1864 die 23 Vertreter der britischen Nordamerikaprovinzen zusammen, um über die kanadische Konföderation zu beraten – drei Jahre später entstand schließlich das *Dominion of Canada*. Prince Edward Island ist die kleinste kanadische Provinz. Gerade einmal 135 000 Einwohner – großteils englisch-schottischer Herkunft – leben auf einer Fläche von rund 5600 km^2. Die Ausdehnung der Insel beträgt etwa 230 km in der Länge sowie zwischen 6 und 60 km in der Breite.

Betrachtet man das Eiland aus dem Flugzeug, fällt sogleich die rötliche Färbung des stark eisenhaltigen Bodens auf. Er ist äußerst fruchtbar und üppig, sodass die *Landwirtschaft* neben dem Fischfang die Ökonomie der kleinen Provinz dominiert. Neben dem Obst- und Gemüseanbau haben vor allem die schmackhaften rotschaligen *Kartoffeln*, die berühmten *Austern* aus der **Malpeque-Bay** sowie die hervorragenden *Scallops* (Kammmuscheln) die Prince-Edward-Insel auf die kulinarische Landkarte gesetzt. Zunehmend entdecken auch Touristen, vor allem Kanadier selbst und Amerikaner, die Reize dieser paradiesisch anmutenden Insel – das Klima ist durch den Einfluss des Golfstroms ausgesprochen mild für das östliche Kanada.

Bis vor wenigen Jahren konnten Reisende P.E.I. nur über den Provinzflughafen in der charmanten, kleinen Hauptstadt **Charlottetown** erreichen oder über zwei Fährlinien von New Brunswick und Nova Scotia aus. Doch im Juni 1997 wurde mit pompösen Feierlichkeiten die riesige, 13 km lange *Confederation Bridge* über die Northumberland Strait eröffnet und damit eine direkte Festlandverbindung geschaffen, die dem Tourismus und der Wirtschaft neue Impulse gegeben hat.

26 Charlottetown

Kanadas kleinste, historisch aber bedeutendste Provinzhauptstadt.

Die etwas verschlafen wirkende Provinzkapitale im Zentrum der Insel bietet sich als idealer Ausgangspunkt für eine Rundtour auf P.E.I. an.

1764 erhielt Charlottetown die Hauptstadtwürde. Heute leben etwa 20 000 Menschen hier. Die Stadt besticht durch ihre gepflegten Villen, Grünanlagen und alten Alleen. Ihr provinzieller Charme hat etwas Liebenswürdiges. Hier kennt fast jeder jeden. Kriminalität ist beinahe ein Fremdwort, und so mancher Autobesitzer, der einkaufen geht, schließt seinen Wagen mit großer Selbstverständlichkeit nicht ab.

Das kleine Zentrum erstreckt sich um das 1847 im georgianischen Stil errichtete **Province House** (2 Palmers Lane, Juni–Mitte Okt. tgl. 9–17, Juli/Aug. bis 18, Mitte Okt.–Mai Mo–Fr 9–17 Uhr) und das moderne Gebäude des Confederation Centre of the Arts direkt nebenan. Die politische Tradition des Province House, die 1864 mit der berühmten *Konferenz* der 23 Delegierten englischer Provinzen in Nordamerika einen Höhepunkt erlebt hatte, wird bis heute hochgehalten: Das Provinzparlament tagt noch immer im *historischen Sitzungssaal*, der ebenso wie andere Räume des Hauses für eine Besichtigung offen stehen.

Der moderne Komplex des **Confederation Centre of the Arts** (www.confederationcentre.com) wurde 1964 anlässlich des 100. Geburtstags der Konferenz errichtet. Mehrere Theater, Bibliotheken und die *Art Gallery* (Mitte Juni–Mitte Okt. tgl. 9–17, sonst Mi–Sa 11–17, So 13–17 Uhr) sind hier unter einem Dach vereint. Überregionale Bedeutung hat das jedes Jahr stattfindende *Musical-Festival ›Anne of Green Gables‹*.

Ein paar Schritte entfernt, an der Great George Street, erhebt sich die **St. Dunstan's Basilica**, die durch schöne Glasmalereien im Inneren besticht.

Am südlichen Ende der Straße erreicht man die **Hafenfront**, die rund um die *Peake's Wharf* und den *Confederation Birthplace Commemorative Park* aufwendig hergerichtet wurde. Gleich nebenan befindet sich die *Cruise Ship Wharf*, an der auch große Kreuzfahrtschiffe anlegen.

Südwestlich des Zentrums befindet sich das 1877 errichtete **Beaconsfield House** (2 Kent Street, Mitte Juni–Sept. tgl. 10–17, Okt.–Mitte Juni Mo/Di/Do/Fr 12–16 Uhr), das einem der ehemals reichsten Bewohner der Stadt, dem Reeder James Peake, gehörte. Schräg gegenüber blickt man auf die Grünanlagen des **Victoria Park**, in dem die Residenz Lieutenant Governors, des Repräsentanten der Britischen Krone, steht.

Ausflug

In Rocky Point, ca. 15 km westlich von Charlottetown (TransCanada Highway, Straße 19), erhebt sich **Fort Amherst Port La Joye** (Juni–Aug. tgl. 9–17 Uhr) – eine Reminiszenz an die ersten französischen

Mit einem Doppeldecker geht es rund um Prince Edward Island, Abfahrt am Confederation Centre of the Arts in Charlottetown

Siedler, die sich 1720 auf der Insel niederließen, und das an gleicher Stelle entstandene Fort der Engländer, die den Ort 1758 eingenommen hatten. Ein *Interpretation Centre* hat die Geschichte aufbereitet und gibt auf Schautafeln und in Videofilmen einen Eindruck vom Leben im frühen 18. Jh. Vom *Park* aus genießt man einen prächtigen Blick auf Charlottetown und den Hafen.

i Praktische Hinweise

Information

Tourism Charlottetown, 178 Water Street, Waterfront, Charlottetown, Tel. 902/368-44 44, Fax 902/368-66 13, www.peiplay.com

Schwungvoll neugotisch – die 1917 erbaute St. Dunstan's Basilica im Herzen der Stadt

Hotels

****Delta Prince Edward Hotel**, 18 Queen Street, Charlottetown, Tel. 902/566-22 22, Fax 902/566-22 82, www.deltahotels.com. Das beste Hotel der Stadt. Zentrale Lage, geräumige Zimmer.

*****Dundee Arms Inn**, 200 Pownal Street, Charlottetown, Tel. 902/892-24 96, Fax 902/368-85 32, www.dundeearms.com. Edles Bed & Breakfast in einer alten Stadtvilla.

Heimstatt der kleinen Heldin Anne und ihrer Erfinderin – House of Green Gables in Cavendish

Anne of Green Gables

Zusätzliche Besucher erhält Prince Edward Island durch den vor allem in den Sommermonaten starken Rummel um eine **Romanfigur**, die sogar in den USA und in Asien berühmt ist: Anne of Green Gables. In Orten wie Cavendish oder Stanhope – überall begegnet dem Besucher dieser Name.

Die Schriftstellerin **Lucy Maud Montgomery**, die 1874 in New London geboren wurde, schrieb das Kinderbuch ›Anne of Green Gables‹. Dessen Titelheldin, ein kleines rothaariges Mädchen und armes Waisenkind, ist eine Art Pippi Langstrumpf von Prince Edward Island. Die Romanfigur wurde so populär, dass ihre Erlebnisse in rund 20 Sprachen übersetzt und sogar verfilmt wurden.

Restaurants

Peake's Quay, 36 Lower Water Street, Charlottetown, Tel. 902/368-13 30. Steaks und Meeresfrüchte in ungezwungener Atmosphäre.

The Claddagh Room, 131 Sydney Street, Charlottetown, Tel. 902/892-96 61. Hübscher Herrensitz mit hervorragender Seafood-Küche.

27 Prince Edward Island National Park

Endlose Strände, Dünen und Marsch.

Der landschaftlich reizvolle Prince Edward Island National Park, der von den Buchten New London Bay, Rustico Bay, Covehead Bay und Tracadie Bay zum Land hin begrenzt wird, ist ein beliebtes Naherholungsgebiet für die Hauptstädter. Der Park beeindruckt durch breite *Sandstrände*, hohe *Dünen* und rote *Klippen*. Das Küstengebiet bietet Hunderten von *Vogelarten* einen Lebensraum.

Ausflüge

Rund 20 km nördlich, in **Cavendish**, kurbelt eine Romanfigur den Tourismus an. Hauptanziehungspunkt ist das am Ortsrand gelegene **House of Green Gables**, das in den Geschichten um das Mädchen Anne beschrieben wird. Die Schriftstellerin *Lucy Montgomery* verbrachte hier einen Großteil ihres Lebens. Im Mai 1997 löste ein Brand, der zwei Räume des Hauses zerstörte, landesweit Schlagzeilen aus. Dieses nationale Denkmal wurde jedoch umgehend restauriert und es entstand zugleich ein *Besucherzentrum* (Mai/Juni/Okt. tgl. 9–17, Juli/Aug. bis 20, Nov.–April Mi–So 10–16 Uhr), das über die Autorin und ihre berühmte Romanfigur informiert.

Im westlich von Cavendish gelegenen **Great Island Adventure Park** können Boote gemietet oder ein Dino-Museum besucht werden.

i Praktische Hinweise

Hotels

****Cavendish Motel**, Cavendish, Tel. 902/963-22 44, Fax 902/963-22 51, www.cavendishmotel.pe.ca. Nahe des Green Gables House liegt dieses Motel mit zweckmäßig eingerichteten, frisch renovierten Zimmern.

Gulf View Cottages, Gulf Shore Road, North Rustico, Tel. 902/963-20 52, Fax 902/963-31 71, www.gulfviewcottages.com. Im Nationalpark, mit Meeresblick.

Camping

Cavendish Campground, Tel. 902/672-63 50, Juni–Mitte Sept.

Rustico Island Campground, Tel. 902/672-63 50, Juli/Aug.

Stanhope Sea Sound Trailer Park, Tel. 902/672-22 39, Mitte Mai–Mitte Okt.

Restaurants

Chez Yvonne, Route 6, Cavendish, Tel. 902/963-20 70. Auf Steaks und Fisch spezialisiert (Mai–Okt.).

Fisherman's Wharf Lobster Suppers, Route 6, North Rustico, Tel. 902/963-26 69. Meeresspezialitäten, meist vor der ›Haustür‹ gefangen.

The Dunes, Brackley Beach, Tel. 902/672-25 86. Modern eingerichtetes Lokal mit guten Fischgerichten und Salaten.

28 Summerside

Die Stadt erlangte durch Schiffbau und die Zucht von Silberfüchsen Wohlstand.

Summerside ist die zweitgrößte Stadt der Provinz, im Sommer erhöht sie als beliebtes Touristenziel ihre Einwohnerzahl noch einmal beträchtlich. Viele der Häuser zeugen von dem Wohlstand, den die Menschen hier vor 100 Jahren genossen und den sie sich durch Schiffbau, Fischfang und die Zucht von Silberfüchsen erarbeitet haben.

Noch heute tragen einige der stattlichen Villen den Beinamen ›Fox House‹, was auf die Grundlage des verdienten Geldes hinweist. So wird die Geschichte eines gewissen Frank Tuplin gern erzählt,

Weite Getreidefelder prägen die Insel

Leuchtend rote hohe Klippen säumen die Küste von Prince Edward Islands

Einladung zur Bootstour von Spinnakers Landing in Summerside und anschließend zum Dinner mit Meeresblick

der im Jahre 1911 für sein neues geräumiges Domizil nur mit einem wertvollen Silberfuchs-Zuchtpaar bezahlte. Das **International Fox Hall of Fame and Museum** (Juni–Sept. Mo–Sa 10–17 Uhr) in der Fitzroy Street befasst sich eingehend mit diesem Thema.

An der Hafenpromenade wartet das **Eptek National Exhibition Centre** (Juni–Aug. Mo–Sa 9–18, So 12–18, Sept.–Mai Di–Fr 10–16, So 12–16 Uhr) mit wechselnden (Kunst-)Ausstellungen auf. In der Nähe der Abfahrtsstelle für die Bootstouren lädt **Spinnakers Landing** (Mitte Juni–Mitte Sept. tgl. 9.30–21.30 Uhr) mit Restaurants und Geschäften zu einer Pause oder zum Shopping ein.

Während der Saison werden in Summerside Festivals veranstaltet, von denen der **Lobster Carnival** im Juli, auf dem nicht nur Hummer in allen Variationen verspeist werden, eines der größten ist.

Malpeque – Synonym für Austern

Eine der köstlichsten Austernarten weltweit kommt aus der Malpeque Bay, die sich östlich von Summerside erstreckt. In großen Zuchtparks wachsen die Tiere bis zu ihrer ›Marktreife‹ zwei bis vier Jahre. Der Ort Malpeque geht auf eine Gründung der Micmac-Indianer zurück. Später siedelten sich Akadier dort an, gefolgt von Iren und Schotten. Heute kennt den Namen außerhalb Kanadas zumindest jeder **Feinschmecker**. Jährlich werden 4–5 Mio. Austern aus dem Meer geholt und zum Großteil für den Export versandfertig gemacht.

Ausflüge

An der Südküste von Prince Edward Island leben auch heute noch Französisch sprechende Nachfahren der Akadier, über die das *Village Pioneer Acadien* (Juni–Mitte Sept. tgl. 9–19 Uhr) in **Mont Carmel** Auskunft gibt. Dieses Freilichtmuseum zeichnet das Leben der frühen Siedler zu Beginn des 19. Jh. nach.

Der **Lady Slipper Drive** führt in den Westteil von Prince Edward Island und ist mit einem roten Frauenschuh auf den Hinweisschildern gekennzeichnet. Die Route erstreckt sich von Summerside über *Cap Egmont* und *West Point* bis zum *North Cape* sowie zu den nordwestlichen Inseln *Hog* und *Lennox* in der Malpeque Bay.

i Praktische Hinweise

Information

Visitor Centre, Waterfront, Summerside, Tel. 902/888-83 64, nur im Sommer geöffnet

Hotels

******Oceansound Cottage**, Route 20, Malpeque, Tel./Fax 902/836-53 59, www.peibaywatch.com. Schönes Haus mit schicken Zimmern und Garten (Juni–Sept).

*****Loyalist Country Inn**, 195 Harbour Drive, Summerside, Tel. 902/436-33 33, Fax 902/436-43 04, www.lakeviewhotels.com. Schickes Landhotel mit gediegenem Service.

*****Stanhope by the Sea**, Covehead, Tel. 902/672-20 47, Fax 902/672-29 51, www.stanhopebythesea.com. Gehobenes Ferienresort mit Blick aufs Meer.

Restaurant

Brothers Two, 618 Water Street East, Summerside, Tel. 902/436-96 54. Bekannt für gute Meeresfrüchte.

Nova Scotia – idyllische Fischerdörfer und historisches Erbe

Nova Scotia – Neuschottland – weist bereits im Namen auf die ethnischen Wurzeln hin, die in dieser Atlantikprovinz dominieren. Viele der Einwohner sind Nachfahren schottischer Siedler, daneben haben aber auch Deutsche, Franzosen und Iren Spuren hinterlassen. Die ersten Europäer waren Franzosen unter *Sieur de Monts*, die befestigte Handelsposten gründeten und das Land **Akadien** nannten. Bereits lange vor den europäischen Siedlern lebten hier allerdings die Micmac-Indianer.

Nova Scotia ist mit gut 52 000 km² und knapp 930 000 Einwohnern für kanadische Verhältnisse dicht besiedelt. Dieser Begriff relativiert sich jedoch angesichts einsamer Küstenabschnitte schnell. Als eine der spektakulärsten Küstenstrecken Nordamerikas gilt der **Cabot Trail** auf *Cape Breton Island*.

Die geographische Gestalt der Provinz wird oft mit einem Hummer verglichen, einem Meerestier, das wirtschaftlich und kulinarisch eine feste Größe in Nova Scotia darstellt. Ökonomisches und kulturelles Zentrum der Provinz ist **Halifax**. Diese Stadt mit ihrer hohen Lebensqualität liegt etwa auf halbem Weg zwischen Cape North und **Yarmouth** im Süden und eignet sich gut als Ausgangspunkt für Rundfahrten. Südwestlich trifft man auf die **Lighthouse Route**, die nach den mehr als 1000 Leuchttürmen an der Küste benannt ist. Diese große Anzahl war aufgrund der hier besonders rauen Gewässer und oft plötzlich aufkommender Nebel nötig. Auf dem **Evangeline Trail** kann der Besucher den Nordwesten erkunden.

29 Halifax

Plan Seite 96

Die größte Stadt der Atlantikprovinzen ist wirtschaftlich stark von ihrem Hafen abhängig.

In Halifax dreht sich alles um den Hafen. Er ist nach Sydney in Australien der zweitgrößte **Naturhafen** der Welt und einer der wenigen in Kanada, die das ganze Jahr über eisfrei bleiben. Nicht untypisch ist dieses Bild: Ein Kreuzfahrtriese ankert neben einem Torpedoboot der Kriegsmarine, während ein vollgepacktes Containerschiff gerade dem offenen Meer zustrebt. Halifax ist einer der bedeutendsten Flottenstützpunkte der kanadischen Marine, besitzt ein supermodernes Containerterminal und steht als fester Programmpunkt auf dem Fahrplan großer Oceanliner.

Vor einigen Jahren erklärten die allgegenwärtigen ›Trend scouts‹ die 320 000-Einwohner-Stadt Halifax zur ›In-City‹. Früher nannte man sie wegen der Brücken und der steilen Straßen gern ›das San Francisco des Nordens‹. Heute gehen die Vergleiche in Richtung Seattle, was die aktive Musik- und Jugendszene betrifft.

Geschichte In der Gegend des heutigen Halifax lebten bereits lange vor dem Eintreffen der weißen Siedler **Micmac-Indianer**, die die Bucht ›Chebookt‹ (›Großer langer Hafen‹) nannten. Seiner strategisch günstigen Lage verdankt der Ort auch eine steile Karriere: Bereits ein Jahr nach der Gründung durch *Gouverneur Edward Cornwallis* und 2500 Kolonisten im Jahre 1749 wurde die nach dem britischen Minister *Lord Halifax* benannte Siedlung zur **Hauptstadt** von Neuschottland erklärt. Sie bildete einen wichtigen Stützpunkt in jener Zeit, als Franzosen und Engländer um die Vorherrschaft auf dem nordamerikanischen Kontinent kämpften. Damals entstand auch die französische Megafestung *Louisbourg* auf Cape Breton. Architektonische Zeichen setzte *Prince Edward*, der Sohn von König George III., der von 1794 bis 1800 als

Oberbefehlshaber die englischen Truppen in Nordamerika befehligte. In dieser Zeit entstand eine Reihe von Verwaltungs- und öffentlichen Gebäuden. Wirtschaftliche Blütezeiten erlebte Halifax, als während des Ersten und Zweiten Weltkriegs große Schiffskonvois mit Ausrüstung und Munition den Hafen Richtung Europa verließen. Die Bedeutung als **Militärstützpunkt** ist geblieben, Halifax dient bis heute als Basis für Kanadas Atlantikflotte.

Eine **Katastrophe** findet in den Annalen der Stadtchronik besondere Erwähnung: Am 6. Dezember 1917 kollidierte im Hafen das französische Munitionsschiff ›Montblanc‹ mit dem belgischen Dampfer ›Imo‹. Der Zusammenstoß löste die größte Explosion aus, die bis dahin von Menschen verursacht worden war. Die gewaltige Detonation legte die halbe Stadt in Schutt und Asche, 2000 Einwohner starben, 9000 wurden zum Teil schwer verletzt.

Im Juni 1995 schaute die Welt erneut nach Halifax, als sich die Vertreter der sieben wichtigsten Industrienationen zu ihrem **G-7-Treffen** einfanden.

Besichtigung Halifax hat im Grunde seinen Kleinstadtcharme behalten. Die Hochhäuser im Geschäftsviertel am Hafen sind zwei Nummern kleiner ausgefallen als die in Toronto oder Montréal, und die wichtigsten Sehenswürdigkeiten liegen nicht sehr weit auseinander.

Waterfront

Als Ausgangspunkt für einen Stadtrundgang bietet sich die Upper Water Street am Hafen mit ihren alten Lagerhallen an,

Halifax Harbour im abendlichen Lichtermeer – im zweitgrößten Naturhafen der Welt gehen Kreuzfahrtriesen, Torpedoboote und die Schiffe der Marineflotte vor Anker

die in den 60er-Jahren des 20. Jh. einer Schnellstraße weichen sollten, nach Bürgerprotesten aber erhalten und restauriert werden konnten. Inzwischen beherbergen diese **Historic Properties** ❶ etliche schmucke Geschäfte, Pubs und Restaurants und haben sich zu einem Anziehungspunkt für Touristen gemausert. Eine weitere Attraktion von Halifax ist eine Hafenrundfahrt, die man mit etwas Glück auf der *Bluenose II*. [s. S. 102], dem Nachbau des berühmten Hochseeregatta-Schoners, der im Sommer regelmäßig am Kai neben der Privateers' Wharf vor Anker geht, unternehmen kann.

TOP TIPP

Weiter südlich am Hafen fällt das moderne Holzgebäude des **Maritime Museum of the Atlantic** ❷ (1675 Lower Water Street, Juni–Sept. Mo/Mi–So 9.30–17.30, Di 9–20, Mai/Okt. Mo/Mi–Sa 9.30–17.30, So 13–17.30, Nov.–April Di 9.30–20, Mi–Sa 9.30–17, So 13–17 Uhr, www.museum.gov.ns.ca/mma) ins Auge. Ausstellungsschwerpunkte sind die Geschichte des *Fischfangs* in den Atlantikprovinzen sowie die Entwicklung der *Seefahrt*. Anhand zahlreicher *Originalboote* und beeindruckender *Miniaturmodelle* der frühen Luxusliner lässt sich der Werdegang des Schiffbaus nachvollziehen. Ein *Film* dokumentiert den schwärzesten Tag der Stadtgeschichte, als die Kollision zweier Schiffe 1917 zu einer Katastrophe führte. Vor dem Museum liegen die zu besichtigenden *Schiffe* ›Sackville‹ und ›CSS Acadia‹ vor Anker .

Gleich nebenan befindet sich die Anlegestelle der **Fähre** nach Dartmouth [s. S. 100]. Es lohnt sich, hinüberzufahren und den Blick auf das Stadtpanorama von Halifax zu genießen.

Folgt man der Lower Water Street am Hafen weiter Richtung Süden, erreicht man alsbald den **Brewery Market** ❸, ein Gebäude-Ensemble aus Geschäften und Restaurants, das ehemals zur Alexander Keith-Brauerei gehörte. Heute fungiert es am Wochenende auch als Gemüse- und Kunsthandwerksmarkt.

Das Maritime Museum of the Atlantic am Hafen zeigt Interessantes zum Thema Seefahrt und Fischerei

Downtown

Um die Ecke, an der Bishop Street, erhebt sich das **Government House** 4 aus dem Jahre 1805. Es wurde auf Anregung von Prince Edward, dem Herzog von Kent, errichtet. Das repräsentative Gebäude wurde vor einigen Jahren restauriert, ist aber nur von außen zu besichtigen.

Direkt gegenüber liegt der älteste Friedhof von Halifax, der **Old Burying Ground** 5. Hier wurden die ersten Siedler bestattet, die 1749 mit Edward Cornwallis gekommen waren. Auf dem Gelände befindet sich ein *Besucherzentrum*, das detaillierte Auskünfte über die Geschichte des Friedhofs und seiner Toten erteilt.

Der *Barrington Street*, einer der belebten City-Hauptstraßen, in nördlicher Richtung folgend, erreicht man an der Ecke Grand Parade die **St. Paul's Anglican Church** 6. Sie wurde 1750 errichtet, gilt als älteste protestantische Kirche Kanadas und ist zugleich das älteste Gebäude der Stadt.

Gegenüber dem Gotteshaus, am Nordende der *Grand Parade*, befindet sich die **City Hall** 7. Sie wurde 1888 im viktorianischen Stil erbaut und fällt durch den spitz zulaufenden Turm mit dem grünen Kupferdach sofort ins Auge.

Eine Querstraße weiter, an der Ecke George/Granville Street, erreicht man das von Grün umgebene **Province House** 8 (Juli/Aug. Mo–Fr 9–17, Sa/So 10–16, Sept.–Juni Mo–Fr 9–16 Uhr, www.gov.ns.ca/legislature), in dem das Parlament der Provinz Nova Scotia tagt. Das georgianische Sandsteingebäude von 1818 ist Kanadas ältester Regierungssitz. Charles Dickens notierte bei einem Besuch 1842: »Es war, als ob man Westminster durch die falsche Seite des Fernglases gesehen hätte.« Im Inneren sind der ehrwürdige Bibliotheksraum der *Legislative Library* sowie die *Legislative Chamber* zu besichtigen.

In einem renovierten Verwaltungsgebäude vis-à-vis vom Eingang des Province House an der Hollis Street ist die **Art Gallery of Nova Scotia** 9 (tgl. 10–17, Do bis 21 Uhr, www.agns.gov.ns.ca) mit ei-

Noch sind die Hummerkörbe zum Fang der begehrten Schalentiere leer

Fisch und Flaute

Die Wirtschaft der Provinz Nova Scotia ist zwar immer noch – hier und da folkloristisch verklärt – zum Teil vom **Hummer-** und **Fischfang** geprägt. Doch befindet sich die gesamte kanadische Fischerei-Industrie in einer **Krise**. Viele Fanggründe vor den maritimen Küsten sind inzwischen überfischt, und so gibt es überall strenge Auflagen und Quotenregelungen. Um diese wirtschaftliche Flaute zu überwinden, die aus der Abhängigkeit von den Früchten des Atlantik resultiert, fördert man verstärkt auch in Nova Scotia die Ansiedlung von **High-Tech-Unternehmen** und investiert zunehmend in den **Tourismussektor**. Vor allem Amerikaner tummeln sich in den Sommermonaten als Busreisegruppen und mit dem Wohnmobil auf den berühmten ›Trails‹, die als Rundfahrten einen guten Einblick in die verschiedenen Provinzregionen geben.

Ein hölzernes Schmuckstück – die St. Paul's Anglican Church am südlichen Ende der Grand Parade

Hauptschlagader – in der verkehrsreichen Barrington Street ist stets was los

ner bemerkenswerten Sammlung kanadischer und europäischer Kunst untergebracht.

Der Spaziergang an der **Old Town Clock** ⑩ vorbei zum Citadel Hill ist ein Ausflug in die Siedlungsgeschichte der Stadt. Der vor einigen Jahren aufwendig restaurierte Uhrturm am Fuße des Hügels ist ein Geschenk des Herzogs von Kent, der den Bau 1803 in Auftrag gab, um Soldaten und Einwohner der Stadt zur Pünktlichkeit anzuhalten.

Nach einem kurzen Anstieg betritt man die **Citadel** ⑪ (Juli./Aug. tgl. 9–18, Mai/Juni/Sept./Okt. tgl. 9–17 Uhr), die touristische Hauptsehenswürdigkeit von Halifax. Die 1856 fertig gestellte sternförmige Festung ist bereits die vierte Anlage dieser Art auf dem Hügel über der Stadt, von den Vorgängerbauten blieb jedoch nichts erhalten. Das jetzige Fort wurde nie angegriffen und ist daher bis heute vollständig erhalten. Während der Sommermonate schlüpfen Studenten in historische Uniformen und exerzieren auf dem Innenhof – ein *Schauspiel*, das vor allem Familien mit Kindern Vergnügen bereitet. In den Gebäuden der Zitadelle sind die einstigen *Soldatenunterkünfte* zu besichtigen, im Obergeschoss dokumentiert ein *Armeemuseum* die Militärgeschichte der Provinz Nova Scotia.

Die schönste Grünanlage der Stadt liegt im Süden der Halifax-Halbinsel: Der 75 ha große **Point Pleasant Park** ⑫ zählt bis heute zum Besitz Großbritanniens und wurde den Parkdirektoren 1866 von der englischen Königin Victoria leihweise für 999 Jahre überlassen. Vom Aussichtspunkt *Black Rock Beach* genießt man einen schönen Blick auf die Hafeneinfahrt und die vorgelagerte McNab-Insel mit dem Leuchtturm. Im Zentrum des Parks erhebt sich der wuchtige *Martello Tower*, der 1797 auf Anordnung von Prince Edward errichtet und nach dem Bruder des Prinzen benannt wurde. Wei-

Kanadische und europäische Kunst des 18. bis 20. Jh. auf vier Etagen

Ganz neckisch im Schottenrock – kostümierter Laiendarsteller in der Citadel

tere Befestigungsanlagen wie das *Fort Ogilvie* und die *Cambridge Battery* auf dem Gelände zeugen noch von der strategischen Bedeutung dieser Landspitze.

Dartmouth

Mit der Fähre kann man in nur 15 Min. zur Schwesterstadt Dartmouth übersetzen. Die Stadt, nur halb so groß wie Halifax, bietet einige Sehenswürdigkeiten.

Im **Dartmouth Municipal Heritage Museum** 13 (Wyse Road 100, Juni–Aug. Di–Fr 10–17 Sa/So 10–13 und 14–17, sonst Di–Fr 10–17 und Sa 10–13 und 14–17 Uhr, www.dartmouthheritagemuseum.ns.ca) erhält man einen guten Überblick über die Stadtgeschichte.

Das älteste Gebäude der Stadt ist das südlich gelegene **Quaker House** 14 (59 Ochterloney Street, Juni–Aug. Di–Fr 10–17 Sa/So 10–13 und 14–17 Uhr), das Ende des 18. Jh. von den Walfängern aus Nantucket in Massachussetts errichtet wurde.

Noch weiter südlich, jenseits der Innenstadt, steht das **Evergreen Historic House** 15 (26 Newcastle Street, Juni–Aug. Di–Fr 10–17 Sa/So 10–13 und 14–17, sonst Di–Fr 10–17 und Sa 10–13 und 14–17 Uhr). 1867 für einen Richter namens Alexander James errichtet, vermittelt es einen Eindruck vom Stadtleben des ausgehenden 19. Jh. Viele Räume sind mit Originalmobiliar ausgestattet.

Bekannt war Dartmouth damals durch den **Shubenacadie Canal** 16 (Infos: *Shubenacadie Canal Commission*, Tel. 902/ 462-18 26, www.shubie.chebucto.org), der in der Nähe des heutigen Ferry Terminals begann. Zwischen 1858 und 1870 nutzten Segel- und Dampfschiffe die 115 km lange Wasserverbindung zwischen dem Hafen von Halifax und der Bay of Fundy, die auf einer alten Micmac-Route basierte. Markierte Wanderwege führen nun vom Hafen am historischen Kanal entlang zu den Resten der Schleusen und Rampen, über die die Seen miteinander verbunden waren. Einige der alten Schleusen, etwa am *Lake Banook* und am *Lake Micmac*, wurden inzwischen restauriert. Weitere Informationen liefert das *Shubenacadie Info Centre* (54 Locks Road, Mo–Fr 8.30–16.30 Uhr) im *Fairbanks Centre* nördlich des Lake Micmac.

Ausflug

Auf der *Lighthouse Route* (Hwy 333) in westlicher Richtung erreicht man TOP TIPP nach rund 20 km den Ort **Peggy's Cove**. Wenn das Wort ›pittoresk‹ jemals angebracht war, dann in diesem winzigen Fischernest, das mit seinen bunten Holzhäusern den Charakter eines Puppenstubendorfes vermittelt. Die Häuser gruppieren sich rund um einen kleinen Hafen auf den vom Meer glatt gewaschenen Granitfelsen. Der bekannte weiße *Leuchtturm* ist nicht nur beliebtes Fotomotiv, sondern auch Treffpunkt von Philatelisten. In seinem Inneren befindet sich ein *Postamt* – der Stempel ist bei Sammlern äußerst begehrt.

Ein Muss für jede Kamera: der berühmte Leuchtturm von Peggy's Cove

Peggy's Cove – ein beliebtes Touristenziel

Praktische Hinweise

Information

Halifax Visitor Centre, 1598 Argyle Street, Halifax, Tel. 902/490-59 46, www.halifaxinfo.com

Nova Scotia Visitor Information, 1655 Lower Water Street, Halifax, Tel. 902/424-42 48, Fax 902/424-0610, www.novascotia.com

Hotels

****Casino Nova Scotia Hotel**, 1919 Upper Water Street, Halifax, Tel. 902/421-17 00, Fax 902/422-58 05, www.casinonovascotia.com.
Das größte Hotel der Stadt, nahe der Historic Properties am Hafen gelegen.

****Delta Barrington**, 1875 Barrington Street, Halifax, Tel. 902/429-74 10, Fax 902/420-65 24, www.deltahotels.com. Hochhaus in zentraler Lage an der Hafenpromenade, Pool.

****Delta Halifax**, 1990 Barrington Street, Halifax, Tel. 902/425-67 00, Fax 902/425-62 14, www.deltahotels.com. Modernes Hochhaus-Hotel in Hafennähe. Direkter Zugang zum Shoppingcenter an der Barrington Street.

***Citadel Halifax**, 1960 Brunswick Street, Halifax, Tel. 902/422-13 91, Fax 902/429-66 72, www.citadelhalifax.com. Großes Hotel der gehobenen Mittelklasse in der Nähe der Zitadelle.

Peggy's Cove Bed & Breakfast, 19 Church Road, Peggy's Cove, Tel. 902/423-11 02, www.nsinns.com. Schöner Blick auf den Ort (Mai–Okt.).

Restaurants

Five Fishermen, 1740 Argyle Street, Halifax, Tel. 902/422-44 21. Rustikales Restaurant, serviert die besten Fisch- und Meeresfrüchte-Gerichte der Stadt.

Great Wall, 1649 Bedford Row, Halifax, Tel. 902/422-18 26. Gute chinesische Kanton-Küche.

TOP TIPP **Salty's,** Historic Properties am Hafen, Halifax, Tel. 902/423-68 18. Meeresfrüchte – was sonst! Und dazu eine besonders schöne Aussicht auf den Hafen.

Sou'Western, Peggy's Cove, Tel. 902/823-25 61. Ausgezeichnete Fischsuppen (Chowder), nicht weit vom berühmten Leuchtturm.

30 Mahone Bay

Romantische Bucht mit charmanten Küstenorten.

Auf der *Lighthouse Route* entlang der landschaftlich reizvollen Südküste erreicht man rund 40 km südwestlich von Halifax das an der Einfahrt zur Mahone Bay gelegene elegante **Chester**. Zahlreiche vorgelagerte kleine Inseln bieten einen malerischen Anblick. Der um 1760 von Siedlern aus Neuengland gegründete Küstenort ist seit dem Beginn des 19. Jh., als das erste Hotel hier gebaut worden war, Ziel des Fremdenverkehrs. Heute haben einige wohlhabende Einwohner von Halifax hier ihren Sommersitz, und auch immer mehr Deutsche nutzen die vergleichsweise günstigen Immobilienpreise und kaufen sich in der Region ein Stück Land mit einem properen Häuschen darauf. Mitte August wird der kleine Ort zum Mekka der Segler, wenn die *Chester Race Week* abgehalten wird, die größte Segel-Regatta in den Atlantikprovinzen.

Etwa 20 km weiter liegt das 1754 gegründete hübsche 1000-Seelen-Dorf **Mahone Bay**, das an der Silhouette seiner drei nebeneinander stehenden Kirchtürme leicht zu erkennen ist. Während ursprünglich viele Dorfbewohner vom Schiffbau lebten, genießt der Ort heute einen guten Ruf als Zentrum für Kunsthandwerk und Antiquitäten. Das kleine *Mahone Bay Settlers Museum* (Juni–Sept. Di–Sa 10–17, So 13–17 Uhr) an der Hauptstraße erinnert an das Leben der Siedler im 19. Jh.

10 km südlich, an der Straße 324, liegt die Stadt **Lunenburg**. Überwiegend Deutsche aus Lüneburg waren es, die

Göttlicher Reigen – drei Kirchtürme am Rand der Bucht sind markanter Blickpunkt und Wahrzeichen von Mahone Bay ▷

sich auf Geheiß des englischen Königshauses Mitte des 18. Jh. in Nova Scotia niederließen und der neuen Siedlung den Namen ihres alten Heimatortes gaben. Eine der Attraktionen ist das am Hafen gelegene strahlend rot gestrichene *Fisheries Museum of the Atlantic* (Juni–Okt. tgl. 9.30–17.30, sonst Mi 9–16 Uhr), das eindrucksvoll über die Entwicklung Lunenburgs Auskunft gibt. Zu besichtigen ist zudem der alte Schoner ›Theresa E. Connor‹ sowie ein neueres Schiff, dessen Innenleben man bis zum Maschinenraum genau studieren kann.

In Lunenburg lief auch die legendäre *Bluenose* vom Stapel, die in den 20er-Jahren des 20. Jh. als schnellstes Segelschiff der Welt galt und zahlreiche Regatten gewonnen hat. Heute hat hier die *Bluenose II.* (Juli–Sept. tgl. 9.30 und 13.30 Uhr 2-Std.-Törns, www.schoonerbluenose2.ca), ein Nachbau aus dem Jahr 1963, ihren Heimathafen. Verewigt wurde das berühmte Schiff auf der Rückseite der kanadischen 10-Cent-Münze.

Noch heute gehört Lunenburg zu den bedeutendsten Fischereihäfen der kanadischen Atlantikküste. Der Ort besticht zudem durch schattige Alleen und gut erhaltene viktorianische (Holz-)Häuser. Vor allem die pittoresk auf der Kuppe eines Hügels gelegene *Lunenburg Academy* stellt ein beliebtes Fotomotiv für Touristen dar.

i Praktische Hinweise

Hotels

*****Mariner King Inn**, 15 King Street, Lunenburg, Tel. 902/634-85 09, Fax 902/634-39 75, www.marinerking.com. Bed & Breakfast in schöner Umgebung.

*****Spinnaker Inn**, Spinnaker Inn, 126 Montague Street, Lunenburg, Tel. 902/634-4543, Fax 902/640-2022, www.spinnakerinn.com. Klein aber fein und Zimmer mit Hafenblick.

*****The Lunenburg Inn**, 26 Dufferin Street, Lunenburg, Tel. 902/634-39 63, Fax 902/634-9419, www.lunenburginn.com. Stilvolles Bed & Breakfast mit einem halben Dutzend Zimmern.

Eine Fundgrube für Freunde der Seefahrt: Fisheries Museum of the Atlantic in Lunenburg

Restaurants

Sorenson's Seafood House, Exit 10, Mahone Bay, Tel. 902/624-63 63. Schöner Blick auf die drei Kirchtürme. Spezialisiert auf Austern, Muscheln und Hummer.

The Old Fish Factory, 68 Bluenose Drive, Lunenburg, Tel. 902/634-33 33. Traditionsreiches Seafood-Restaurant (Hummer!) auf der Rückseite des Fisheries Museum of the Atlantic.

The Rope Loft, nahe der Tancook Island Ferry, Chester, Tel. 902/275-34 30. Frische Meeresfrüchte zu annehmbaren Preisen.

31 Liverpool

Zwei historische Museen laden zum Verweilen ein.

Der etwas verschlafen wirkende Küstenort Liverpool lohnt wegen seiner zwei interessanten Museen einen Abstecher. Das **Perkins House** (Juni–Mitte Okt. Mo–Sa 9.30–17.30, So 13–17.30 Uhr), benannt nach dem Geschäftsmann Simeon Perkins, durch dessen Tagebücher die Nachwelt Einsicht in das Dorfleben des 18. Jh. erhält, dokumentiert sein abwechslungsreiches Leben und seine schriftlichen Hinterlassenschaften.

Das zweite bemerkenswerte Ziel im Ort ist das kleine **Queens County Museum** (Juni–Mitte Okt. Mo–Sa 9.30–17.30, So 13–17.30, sonst Mo–Sa 9–17 Uhr) direkt nebenan, das sich ebenfalls mit der lokalen Geschichte auseinandersetzt, wechselnde Ausstellungen organisiert und über eine genealogische Abteilung verfügt.

i Praktische Hinweise

Hotel

*****Lanes Privateer Inn**, 27–33 Bristol Avenue, Liverpool, Tel. 902/354-34 56, Fax 902/354-72 20, www.lanesprivateerinn.com. Gemütliches Hotel mit 27 Zimmern.

Kutschfahrt gefällig? Und nach einer gemütlichen Runde durch das schöne Lunenburg im Restaurant Meeresfrüchte genießen

Antiquarisches aus der Kinderstube im Queen's County Museum in Liverpool

Restaurant

Lanes Privateer Inn, 27 Bristol Avenue, Liverpool, Tel. 902/354-34 56. Ordentliche Lokalküche des gleichnamigen Hotels, die sich nach der (Fisch-) Saison richtet.

32 Shelburne

Die Gründerväter waren englische Loyalisten.

Die Kleinstadt Shelburne wird auch ›Loyalist Town‹ genannt, weil 1783 rund 3000 englische Loyalisten aus New York auf der Flucht vor der amerikanischen Revolution mit 30 Schiffen hier landeten. Wer sich eingehender mit diesem Ereignis beschäftigen will, ist gut im **Ross Thomson House** (Charlotte Street, Juni–Mitte Okt. tgl. 9.30–17.30 Uhr) aufgehoben. Dieses 1784 errichtete und als einziges in Nova Scotia erhaltene Warenhaus dieser Zeit ist heute Provinzmuseum und erteilt detaillierte Auskünfte über die Geschichte der Stadt.

i Praktische Hinweise

Hotel

Cooper's Inn, 36 Dock Street, Shelburne, Tel. 902/875-46 56, Fax 902/875-29 88, www3.ns.sympatico.ca/coopers. In einem Loyalisten-Haus aus dem Jahr 1785 direkt am Wasser untergebracht.

Restaurant

Shelburne Pastry, 151 Water Street, Shelburne, Tel. 902/875-11 68. Italienische Küche vom deutschen Küchenchef.

33 Yarmouth

Kleine Hafenstadt mit großer maritimer Tradition.

Das an der Westküste Nova Scotias gelegene Yarmouth ist Endpunkt der Lighthouse Route und Ausgangspunkt der zweiten interessanten Rundreisestrecke durch Nova Scotia, des *Evangeline Trail*. Die 1761 gegründete Kleinstadt mit ihren 8000 Einwohnern besitzt Fährverbindungen nach Portland und Bar Harbour im US-Bundesstaat Maine.

Yarmouth, größter Hafen von Nova Scotia westlich von Halifax, hat zudem eine bedeutende maritime Vergangenheit. Davon zeugt die stattliche Gemäldesammlung mit Schiffsmotiven im **County Museum** (22 Collins Street, Juni–Mitte Okt. Mo–Sa 9–17, So 14–17, Mitte Okt.–Mai Di–Sa 9–17, So 14–17 Uhr), die eine der umfangreichsten in Kanada ist.

Nördlich der Stadt beginnt die so genannte französische Küste mit zahlreichen akadischen Dörfern, in denen die heimatlichen Traditionen gepflegt werden.

i Praktische Hinweise

Hotels

****Rodd Grand Hotel**, 417 Main Street, Yarmouth, Tel. 902/742-24 46, Fax 902/742-46 45, www.rodd-hotels.ca. Modernes Haus mit 138 Zimmern, Restaurant und Pool.

Murray Manor, 225 Main Street, Yarmouth, Tel./Fax 902/742-96 25, www.murraymanor.com. Historisches B & B mit drei schönen Zimmern.

34 Meteghan

Der Name verrät es: Hier siedelten akadische Einwanderer.

Kurz vor dem Dorf Meteghan sollte man im geheimnisvoll klingenden **Smugglers Cove Provincial Park** eine Picknick-Pause einlegen. Hier schaut man über Klippen in eine kleine Bucht, die Anfang des 20. Jh. Rumschmugglern als Versteck diente. Außerdem bietet sich ein Panoramablick auf die *St. Mary's Bay* und die vorgelagerte Insel *Brier Island*.

Meteghan selbst besitzt einen quirligen Hafen, in dem Hummerfangboote neben Heringstrawlern ankern und das Leben der Menschen wie seit ehedem

Dem Himmel entgegenstrebend – Église Sainte-Marie in Church Point

stark vom Fischfang geprägt ist. Das sehenswerte **Vieille Maison** (Mai–Sept. tgl. 10–16 Uhr), eines der ältesten Häuser des Ortes, fungiert heute als Museum und zeigt neben seiner Einrichtung des 19. Jh. Originaldokumente der früheren Besitzerfamilie Robicheau.

Ausflug

Knapp 20 km nördlich liegt der kleine Ort **Church Point**, dessen Name bereits auf die interessanteste Sehenswürdigkeit hinweist: die größte hölzerne Kirche Nordamerikas. Die 58 m hohe und 41 m breite *Église Sainte-Marie* wurde zwischen 1903 und 1905 auf kreuzförmigem Grundriss errichtet. Die Turmspitze sicherte man durch tonnenschweres Gestein, um die Wucht der starken Küstenwinde abzufedern. In unmittelbarer Nähe liegt die 1891 gegründete kleine *Université Sainte-Anne.*

i Praktische Hinweise

Hotels

****Bluefin Motel**, 7765 Hwy 1, Meteghan, Tel. 902/645-22 51, Fax 902/645-30 03, www.bluefinmotel.ns.ca. 16 Zimmer mit Bad, 4 Suiten, freundliches Personal.

***Anchor Inn**, 8755 Hwy 1, Meteghan, Tel. 902/645-33 90. Bed & Breakfast mit einfachen Zimmern, teilweise ohne Bad (15. Mai–15. Okt.).

35 Digby

Berühmt für seine edlen Jakobsmuscheln.

Das geschäftige Fährstädtchen Digby verdankt seinen Namen *Sir Robert Digby*, der 1793 englische Loyalisten aus den USA nach Nova Scotia brachte. Das mit alten Möbeln, Fotografien und Landkarten ausgestattete **Museum** (95 Montague Row, Mitte Juni–Aug. Di–Sa 9–17, So 13–17, Sept.–Mitte Okt. Di–Fr 9–16.30, sonst Mi/Fr 9–16.30 Uhr) ist ebenfalls nach dem Admiral benannt.

Vor dem Auslaufen: Bis Sonnenaufgang liegen die Fischerboote ruhig in Digbys Hafen

Schmucke alte Holzhäuser säumen die Straßen von Annapolis Royal

Überregionale Bedeutung genießt Digby als Hafen für den Fang und die Verarbeitung von *Scallops*. Jedes Jahr im August strömen zahlreiche Besucher zu den *Scallop Days* nach Digby, einem Festival rund um die köstlich schmeckenden Jakobsmuscheln.

i Praktische Hinweise

Hotel

******Pines Resort Hotel**, Digby, Tel. 902/245-25 11, Fax 902/245-61 33, www.signatureresorts.com. Edles Resort-Hotel mit Golfplatz, Tenniscourts, Swimmingpool und Fitnesscenter (Mai–Mitte Okt.).

36 Annapolis Royal

Älteste europäische Siedlung in der Obstkammer Kanadas.

Der Höhepunkt einer Rundreise auf dem Evangeline Trail ist das *Annapolis Valley* mit dem geschichtlich bedeutenden Ort Annapolis Royal. 1605 gegründet, gilt er als älteste europäische Siedlung in Kanada und war bis 1749 Hauptstadt von Akadien. Hervorzuheben sind die drei historischen Gebäude **De Gannes-Cosby House** von 1708, das älteste Holzhaus Kanadas, **Adam-Ritchie House** aus dem Jahre 1712 und **Runciman House** von 1817.

Ein weiterer Publikumsmagnet sind die an der St. George Street gelegenen **Royal Historic Gardens** (Juli/Aug. tgl. 8 Uhr bis Sonnenuntergang, Juni/Sept. 9–17 Uhr, www.historicgardens.com), eine große Parkanlage mit Blumenbeeten, Themengärten und kleinen Wasserlandschaften. Im Sommer führen Gärtner die Besucher gerne in ihre Geheimnisse ein.

Hauptattraktion von Annapolis Royal ist jedoch **Fort Anne National Historic Site** (Juli/Aug. tgl. 9–18, Mitte Mai–Juni/ Sept.–Mitte Okt. tgl. 9–17.30 Uhr). Die gut erhaltene Befestigungsanlage, die von den Franzosen 1643 errichtet wurde, war lange zwischen ihren Gründern und den Engländern heftig umkämpft. Anfang des 20. Jh. wurde das Fort zur nationalen historischen Stätte erklärt. Kanonen, Pulvermagazine und Soldatenquartiere sowie ein kleines *Museum* im Hauptgebäude dokumentieren den militärischen Alltag im 18. Jh.

Ausflüge

Lohnend ist ein Abstecher durch das reizvolle **Annapolis Valley** Richtung Bridgetown. Das Flusstal besitzt fruchtbare Böden und verfügt über ein mildes Mikroklima, sodass vor allem Obst und Gemüse prächtig gedeihen. Das Gebiet ist das größte *Apfelanbaugebiet* Ostkanadas. Den nachhaltigsten Eindruck bekommt der Reisende im Mai, wenn die *Obstblüte* einsetzt und das Tal sich in einen einzigen Garten Eden verwandelt.

Einige Kilometer nordwestlich von Annapolis Royal liegt am Nordufer des Annapolis River die 1605 von Franzosen gegründete ehemalige Siedlung **Port Royal National Historic Site** (Juli/Aug. tgl. 9–18, Mitte Mai–Juni/Sept.–Mitte Okt. tgl. 9–17.30 Uhr). Die immer wieder von Engländern angegriffene und zerstörte Befestigung war schließlich aufgegeben worden, als die Franzosen 1635 den Ort Annapolis Royal gründeten. Erst zu Beginn des 20. Jh. entdeckte man hier die Überreste des Dorfes und rekonstruierte es ab 1938 exakt nach Aufzeichnungen von Samuel de Champlain. Die historischen *Holzgebäude*, die als *Museumsräume* eingerichtet worden sind, gruppieren sich rechteckig um einen Innenhof. In den Sommermonaten erwecken Studen-

Es ist angerichtet: rekonstruierter Speiseraum der Siedlergemeinschaft in der Port Royal National Historic Site

ten in *historischen Kostümen* diese älteste Siedlung Kanadas zu neuem Leben, indem sie Szenen aus dem Alltag der ersten Siedler nachspielen.

i Praktische Hinweise

Information

Tourist Information, 236 Prince Albert Road, Annapolis Royal, Tel. 902/532-54 54, Fax 902/532-57 69, www.annapolisroyal.com. Nur im Sommer geöffnet.

Hotels

TOP TIPP ******Bread & Roses**, 82 Victoria Street, Annapolis Royal, Tel. 902/532-57 27, Fax 902/532-03 81, www.breadandroses.ns.ca. Hübsches Country Inn in viktorianischem Haus, antikes Mobiliar in allen Zimmern und Suiten.

*****King George Inn**, 548 Upper St. George Street, Annapolis Royal, Tel. 902/532-52 86, Fax 902/532-01 44. Viktorianisches Haus von 1868 mit acht Zimmern (Mai–Okt.).

Restaurant

The Garrison House, 350 St. George Street, Annapolis Royal, Tel. 9 02/ 5 32-57 50. Elegante Restaurant-Räume in viktorianischem Haus von 1854.

37 Kejimkujik National Park

TOP TIPP *Einer der schönsten kanadischen Parks bietet ein Refugium für seltene Tier- und Pflanzenarten.*

Der 400 km² große Naturpark, im Landesinneren zwischen Annapolis Royal und Liverpool gelegen, beeindruckt durch eine Seen-, Wald- und Flusslandschaft, in der zahlreiche zum Teil seltene Tierarten

Auf den Pfaden der Micmac: Mit dem Kanu, dem einstigen Transportmittel der Indianer, entdecken Naturfreunde heute die weitgehend unberührte Landschaft des Kejimkujik National Park

Lohn für Geduldige: Der Anblick eines Kragenhuhns ist auch im tierreichen Kejimkujik National Park Glückssache

beheimatet sind. Bei *Maitland Bridge* befindet sich der Parkeingang. Der kleinere Teil des Geländes ist für Autos zugelassen, ansonsten bewegt man sich zu Fuß oder mit Kanus fort.

Das Land, auf dem sich der Kejimkujik National Park erstreckt, gehörte einst den Micmac-Indianern. Von ihnen sind außer einigen *Felsmalereien* kaum Spuren erhalten. Diese können auf einer organisierten Tour besichtigt werden.

i Praktische Hinweise

Information

Visitor Centre, Maitland Bridge, am Parkeingang, Tel. 902/682-2772, Fax 902/682-3367

Kanuverleih

Loon Lake Outfitters, Route 8, 400m nördlich des Parkeingangs, Tel. 902/682-2220.

Hotel

Whitman Inn, Route 8, Kempt, Tel. 902/682-2226, Fax 902/682-3171, www.whitmaninn.com. Sehr freundliches, stilvolles und zudem einziges Bed & Breakfast am Nationalpark.

Camping

Die beliebten Campgrounds im Nationalpark müssen lange im Voraus beim Visitor Centre reserviert werden.

38 Windsor

Historisches und Kurioses liegen hier dicht beieinander.

Windsor hat neben einigen interessanten historischen Gebäuden auch Kuriositäten zu bieten: Zunächst wirbt die beschauliche Kleinstadt damit, dass sie exakt auf halbem Weg zwischen Äquator und Nordpol liegt. Für Freunde des ›Guinness Book of Records‹ sei festgehalten, dass ein gewisser *Howard Dill* hier die weltgrößten Kürbisse züchtet, die den imposanten Namen ›Dill Atlantic Giant‹ tragen und die alljährlich auf dem **World Pumpkin Festival** zum Thanksgiving Day ausgestellt werden.

Zu den größten touristischen Attraktionen von Windsor gehört die **Fort Edward National Historic Site** (Juli/Aug. Mo–Sa 10–18, So 12–16 Uhr) mit dem 1750 entstandenen ältesten Blockhaus Kanadas. Die einstige Befestigung diente ursprünglich als Fluchtburg für die Akadier.

Zwei Museumshäuser – das **Haliburton House** und das **Shand House** (Juni–Mitte Okt. Mo–Sa 9.30–17.30, So 13–17.30 Uhr) – geben Einblick in das Alltagsleben der Oberschicht des 19. Jh.

i Praktische Hinweise

Hotel

The Angel's Wrest, 257 Victoria Street, Windsor, Tel. 902/798-2149. Stilvolles Bed & Breakfast mit drei Zimmern in einem viktorianischen Haus.

Restaurant

Kingsway Inn, Wentworth Road, Windsor, Tel. 902/798-5075. Deutsche Küche für alle, die Heimweh haben.

39 Cabot Trail

Eine der schönsten Panoramarouten der Welt.

Der dritte Rundkurs, der Cabot Trail auf *Cape Breton Island*, ist der berühmteste der Provinz. Die Landschaft auf Cape Breton Island ist von herber Schönheit: Wild zerklüftete **Klippen** und **Moore**, einsame **Dörfer** und große dunkle **Wälder** wechseln einander ab. Die Menschen, die hier leben, pflegen die Traditionen und Bräuche ihrer schottischen, englischen und französischen Ahnen besonders intensiv.

Benannt ist der Cabot Trail nach *John Cabot* (Giovanni Caboto), dem in Genua geborenen Seefahrer, der im Dienste des englischen Königs etwa zur selben Zeit wie Kolumbus die Neue Welt erforschte und am 23. Juni 1497 auf Cape Breton Island stieß. Er hielt das Land für Asien und nahm es vorsichtshalber für die englische Krone in Besitz.

Beliebter Ausgangspunkt für eine Rundfahrt auf dem Cabot Trail, der im nördlichen Teil der Insel auch durch den Cape Breton Highlands National Park führt, ist **Baddeck.** Der schicke Ferienort am *Bras d'Or Lake*, einem riesigen Salzwassersee, der zugleich von fünf größeren Flüssen gespeist wird, bietet viele Wassersportmöglichkeiten sowie einen spannenden Einblick in die Lebensgeschichte eines bedeutenden Forschers: Der 1847 im schottischen Edinburgh geborene Erfinder des ersten brauchbaren Telefons, *Alexander Graham Bell*, lebte zeitweise in Baddeck und verbrachte auch nach seiner Übersiedlung in die USA jeden Sommer mehrere Monate in seinem kanadischen Ferienhaus. In dem eindrucksvollen Museum **Alexander Graham Bell National Historic Site** (Chebucto Street, Juli–Mitte Okt. 8.30–18, Juni 9–18 Uhr) sind zahlreiche Fotos, Original Objekte und nachgestellte Experimente zu besichtigen.

i Praktische Hinweise

Hotels

******Auberge Gisele's Country Inn**, 387 Shore Road, Baddeck, Tel. 902/295-28 49, Fax 902/295-20 33, www.giseles.com. Haus mit gehobenem Komfort und familiärfreundlicher Atmosphäre, gutes Restaurant mit Blick auf den Bras d'Or Lake.

******Inverary Resort**, Shore Road, Baddeck, Tel. 902/295-35 00, Fax 902/295-35 27, www.capebretonresorts.com/inverary. Resort-Hotel, das ganz auf sportliche Aktivitäten setzt.

*****Silver Dart Lodge**, Shore Road, Baddeck, Tel. 902/295-23 40, Fax 02/295-24 84, www.silverdart.com. Hotelanlage mit Blick auf den Bras d'Or Lake.

Restaurant

Bell Buoy Restaurant, Lower Chebucto Street, Baddeck, Tel. 902/295-25 81. Während man sich Hummer oder Fisch schmecken lässt, schaut man auf den Hafen des Ferienortes.

Eine Augenweide – der Cabot Trail rund um den Cape Breton Highlands National Park bietet herrliche Ausblicke auf spektakuläre Steilküsten und grandiose Berglandschaften

40 Cape Breton Highlands National Park

TOP TIPP

Atemraubende Ausblicke auf Steilküsten bietet der älteste Nationalpark an der kanadischen Atlantikküste.

Nordöstlich von **Cheticamp** beginnt der bereits 1936 gegründete und damit älteste Nationalpark der kanadischen Atlantikprovinzen. Der Cape Breton Highlands National Park erstreckt sich auf einer Fläche von knapp 1000 km². Von der sich auf und ab windenden Straße ergeben sich immer wieder herrliche Ausblicke auf *Steilküsten*, die zu einem Fotostopp einladen.

Auf der gut 100 km langen Fahrt bis zum Endpunkt *Ingonish* auf der Ostseite der Halbinsel bekommt man von Flora und Fauna natürlich weniger zu sehen, als auf ausgedehnten Wanderungen oder Mountain-Bike-Touren. Dabei ist die Chance groß, Elche, Greifvögel und Biber zu beobachten.

Beschauliche Fischerdorfidylle – das an der Westküste von Cape Breton gelegene Cheticamp ist das Tor zum Cape Breton Highlands National Park

Hinter **Pleasant Bay** erklimmt die Straße die 445 m zum *North Mountain*. Dort kann man eine Wanderung durch das Tal des Aspy River bis zu den Wasserfällen von Beulach Ban machen, wo Gelegenheit zum Picknick besteht.

Der nördlichste Punkt des Cabot Trail heißt **Cape North**. Gut ausgebaute Loipen rund um den Ort locken während der kalten Jahreszeit Wintersportler an. Wer von hier aus eine Fahrt außerhalb des Parkareals entlang der Küste nach Norden machen möchte, wird durch reizvolle Ausblicke auf die Küstenlandschaft und malerische kleine Fischerorte belohnt, vielleicht sogar durch das Sichten von Seehunden und Walen.

Cabot's Landing, Dingwall und White Point heißen die weiteren Fischerdörfer auf dem Weg nach **Ingonish**, dem östlichen Tor in den Cape Breton Highlands National Park.

i Praktische Hinweise

Camping

Die Campgrounds im Nationalpark sind über die Parkverwaltung in Cheticamp oder Ingonish zu reservieren, Tel. 902/285-26 91

41 Glace Bay

Von hier aus gelang Marconi 1902 die erste drahtlose transatlantische Nachrichtenübermittlung.

Hauptattraktion von Glace Bay, einer kleinen Hafenstadt an der Ostküste mit rund 22 000 Einwohnern, ist eine technische Sehenswürdigkeit: Am Table Head befindet sich die **Marconi Station** (Juni–Mitte Sept. tgl. 10–18 Uhr), eine historische Stätte, die aus einem *Visitor Centre* sowie den Überresten jenes Gebäudekomplexes besteht, von dem aus *Guglielmo Marconi* kurz vor Weihnachten 1902 die erste drahtlose Nachrichtenübermittlung über den Atlantik gelungen ist.

Lohnend ist außerdem noch ein Besuch des **Miner's Museum** (Juni–Aug. tgl. 10–18, Sept.–Mai Mo–Fr 9–16 Uhr, www.minersmuseum.com), in dem man Wissenswertes über die Förderung von Steinkohle erfährt. Im Gebiet um die Stadt Sydney wurde dieser Bodenschatz bereits im frühen 18. Jh. gefördert.

i Praktische Hinweise

Hotel

****Blossoms & Lace Bed & Breakfast**, 127 Haulage Road, Glace Bay, Tel. 902/434-11 66. Drei ordentliche Zimmer ohne besonderen Luxus.

42 Fortress of Louisbourg

TOP TIPP

Die größte Befestigungsanlage Kanadas spiegelt den früheren Antagonismus von Briten und Franzosen wider.

Auf dem *Marconi Trail* an kleinen Fischerdörfern entlang erreicht man rund 80 km südlich von Glace Bay die großzügig angelegte Fort Louisbourg National Historic Site. Die detailgetreu rekonstruierte Befestigungsanlage ist die größte ihrer Art in Kanada und zieht jährlich mehr Besucher an als irgendeine andere Sehenswürdigkeit in den Atlantikprovinzen Kanadas.

Der **Bau** des weitläufigen Forts ist das Ergebnis des jahrhundertelangen Widerstreits zwischen Briten und Franzosen in der Neuen Welt. 1719 begann Frankreich mit der Errichtung von Louisbourg, um den Zugang zum St.-Lorenz-Strom und nach Québec zu sichern. An der Anlage, die vor allem der Seeverteidigung diente, bauten die Franzosen jahrzehntelang. In den Jahren 1745 und 1758 belagerten die Engländer das Fort jeweils für Wochen, um es dann beide Male einzunehmen. Nach der ersten Niederlage erhielten die Franzosen das Kommando über das Fort und die kleine Stadt durch den Frieden von Aachen zurück. Die zweite Eroberung durch englische Truppen bedeutete das endgültige Aus: Fort und Siedlungsgelände wurden vollständig geschleift.

1961 begannen **Rekonstruktion** und Ausgrabungsarbeiten, die von der Regierung mit einem zweistelligen Millionenbetrag unterstützt wurden. Heute bietet sich das Areal dem Besucher als die in Nordamerika so beliebte Mischung aus Spektakel und historischem Ambiente.

In den zahlreichen **Holzgebäuden** – die Bandbreite reicht von Soldatenunterkünften über Handwerksbetriebe bis zum Hafentor – geben *Laiendarsteller* spielerisch einen Eindruck vom französisch geprägten Leben in Kanada Mitte des 18. Jh.

Das **Museum** (Juli/Aug. tgl. 9–17, Mai/Juni/Sept./Okt. tgl. 9.30–17 Uhr) zeigt Ausgrabungsfunde sowie ein eindrucksvolles Modell der gesamten Anlage. Außerdem laden einige in den Holzhäusern eingerichtete, recht urige **Restaurants** zur Einkehr ein. Der Gast kann hier viele Gerichte, die nach Originalrezepten aus dem 18. Jh. zubereitet werden, probieren.

Mit fröhlicher Miene und wohl genährt – Laiendarsteller im Mönchsgewand in der Fortress of Louisbourg

i Praktische Hinweise

Information

Tourist Information, am Besucherzentrum, Louisbourg, Tel. 902/733-22 80

Hotel

****Fortress Inn Louisbourg**, 7464 Main Street, Louisbourg, Tel. 902/733-28 44, Fax 902/799-24 12, www.louisbourg.ca. Nette, zweckmäßige Zimmer zu annehmbaren Preisen.

Die riesige Befestigungsanlage der Fortress of Louisbourg war abwechselnd Stützpunkt französischer Blauröcke und britischer Rotröcke, heute dient sie als Museum

Neufundland – Geheimtipp für Individualisten

Neufundland ist nicht nur die östlichste Provinz Kanadas, sondern auch das jüngste Beitrittsgebiet der Konföderation. Erst 1949 gliederte sich die Region in das kanadische Staatsgebiet ein, nachdem sich eine knappe Mehrheit der Einwohner dafür ausgesprochen hatte. Die Provinz besteht aus der **Insel Neufundland**, auf der mehr als 90 % der insgesamt gut 500 000 Menschen leben, und dem fast dreimal so großen **Labrador**. Getrennt sind die beiden Landesteile durch die 15 km schmale *Strait of Belle Isle*.

Die Besucher kommen überwiegend wegen der rauen, **wildschönen Natur**, in der man tagelang wandern kann, ohne einer Menschenseele zu begegnen, dafür aber gute Chancen hat, *Elche* und *Bären* zu beobachten. Die Küstengewässer von Neufundland sind vor allem ein Paradies für *Walbeobachter*. Im Juni und Juli sind die Möglichkeiten besonders gut, Finn- oder Buckelwale zu studieren. Im Frühjahr tauchen an der Nordostküste **Eisberge** auf, die durch den Labrador-Strom nach Süden treiben: ein einzigartiges Schauspiel!

Im Landesinneren wechseln sich Heide-, Wald- und Sumpflandschaften ab, bieten stets ein neues Bild unberührter Erde. Gut 800 m hoch hinauf geht es zu den Gipfeln der lang gezogenen Gebirgskette der **Long Range Mountains**, die sich entlang der Insel-Westküste erstrecken. In ihrem Zentrum befindet sich einer der Höhepunkte einer Neufundland-Reise, der **Gros Morne National Park**. Weitere unvergessliche Ziele sind der **Terra Nova National Park** im Osten und die Wikingersiedlung **L'Anse-aux-Meadows** am Nordzipfel der Insel, wo bereits vor 1000 Jahren *Wikinger* eine Siedlung errichteten. Wem es in der Natur dann doch zu einsam wird, der sollte seine Ferien mit einem Besuch der Hauptstadt **St. John's** auf der Avalon-Halbinsel abrunden.

43 Channel-Port-aux-Basques

Der wichtige Fährhafen stellt die Verbindungen zur Außenwelt her.

Wer mit dem Auto nach Neufundland reist, verlässt in Channel-Port-aux-Basques die **Fähre** aus North Sydney/Nova Scotia – die einzige ganzjährige Verbindung vom Festland über das Wasser.

Die ersten Siedler, die sich im 16. Jh. hier niederließen, kamen aus dem Baskenland und waren überwiegend Fischer. Noch heute ist die Fischindustrie Haupterwerbszweig dieses Städtchens, auch wenn sie – wie überall in der Region – seit längerem in einer tiefen Krise steckt.

Das lokale **Gulf Museum** (118 Main Street, Juni–Aug. tgl. 9–21 Uhr) stellt Fundstücke aus Wracks sowie alte *Navigationsinstrumente* und ein aus dem Jahre 1628 stammendes *Astrolabium* aus, einen von nur drei in Kanada erhaltenen Sternhöhenmessern.

◁ *Rau, wild und einzigartig – Neufundland: Eisberge am Fort Amherst bei St. John's* **(oben)**, *Berglandschaft im Gros Morne National Park* **(unten)**

Praktische Hinweise

Information

Tourist Centre, Channel-Port-aux-Basques, Tel. 709/695-22 65, www.gatewaytonewfoundland.com

Hotels

*****Hotel Port aux Basques**, 1 Grand Bay Road, Channel-Port-aux-Basques, Tel. 709/695-21 71, Fax 709/695-22 50, www.hotelpab.com. Ganzjährig geöff-

Auf dem Weg in eine andere Welt – mit der Fähre von Nova Scotia nach Channel-Port-aux-Basques in Neufundland

netes Hotel in der Nähe des Fährhafens mit 50 Zimmern und gutem Restaurant.

****Caribou Bed & Breakfast**, 42 Grand Bay Road, Channel-Port-aux-Basques, Tel. 709/695-34 08, www.bbcanada.com/2225.html. Freundliches Haus mit bescheidenem Komfort.

44 Corner Brook

›Regionalhauptstadt‹ der Westküste an der Mündung des Lachsflusses Humber River.

Das am Transcanada Highway gelegene Corner Brook hat rund 25 000 Einwohner und ist somit die zweitgrößte Stadt Neufundlands. Ihr nicht sehr attraktives Wahrzeichen ist eine gigantische *Papierfabrik*, die als eine der bedeutendsten in Nordamerika seit den 20er-Jahren des 20. Jh. produziert.

Corner Brook hat nicht viele Sehenswürdigkeiten, abgesehen vom **Arts and Cultural Centre** (Mo–Sa 12–18, bei Veranstaltungen bis 20.30 Uhr, www.cornerbrook.artsandculturecentre.ca), das mit einem vielfältigen Programm und Ausstellungen zur Geschichte und Entwicklung der Region aufwartet.

Vor allem bei Anglern berühmt ist jedoch der an *Lachsen* reiche **Humber River**, der hier in den Humber Arm mündet. Ansonsten wird die Stadt eher als Service-Station angesteuert, in der sich der Abenteuerurlauber mit allem Nötigen für die Reise eindecken kann.

Ausflug

Knapp 15 km östlich erstreckt sich ein ausgedehntes Skigebiet: **Marble Mountain**, die einzige erschlossene Wintersportregion der Provinz. Sowohl Langlaufloipen als auch Abfahrtspisten ziehen die Ski-Freunde an.

i Praktische Hinweise

Information

Tourist Information, 11 Confederation Drive, Corner Brook, Tel. 709/639-97 92

Hotels

*****Glynmill Inn**, 1 Cobb Lane, Corner Brook, Tel. 709/634-51 81, Fax 709/634-51 06, www.steelehotels.com. Landhotel im Tudor-Stil mit 81 Zimmern.

*****Greenwood Inn**, 48 West Street, Corner Brook, Tel. 709/634-53 81, Fax 709/634-17 23, www.www.greenwoodcornerbrook.com. Zentral gelegen mit modernen Zimmern.

Restaurant

The Glynmill Inn Restaurant, 1 Cobb Lane, Corner Brook, Tel. 709/634-51 81. Herzhafte Küche und gute Weine.

45 Gros Morne National Park

TOP TIPP

Paradies für Wanderer und Refugium für zahlreiche Tier- und Pflanzenarten.

Der Gros Morne National Park, von der UNESCO 1988 in die Liste des *Weltkulturerbes* aufgenommen, erstreckt sich über eine Fläche von 1805 km² und erreicht seinen höchsten Punkt mit dem Gipfel des Gros Morne Mountain bei 806 m. Radfahrer und vor allem Wanderer brauchen meist nicht lange zu warten, bis sie auf Elche oder Bären treffen. Daneben sind hier Füchse, Karibus und vor allem Hunderte von Vogelarten, darunter Seeadler, heimisch. Nicht selten kommen Elche sogar bis an den Straßenrand, um dort friedlich zu grasen. Autofahrern ist daher besondere Vorsicht anzuraten.

Den südlichen Zugang zum Park erreicht man auf dem *Viking Trail* (Hwy 430) kurz hinter **Wiltondale**. Am Ortsrand lohnt ein kurzer Aufenthalt, um sich im *Pioneer Village* (Mitte Juni–Mitte Sept. tgl. 10–18 Uhr) über das entbehrungsreiche

Idyllisches Fleckchen an der Bonne Bay: Woody Point mit Blick auf die Tablelands

Leben der Menschen in den 20er-Jahren des 20. Jh. zu informieren.

Eingebettet in die spektakuläre Landschaft des Nationalparks liegen malerische Fischerdörfer wie **Woody Point**, das seinen ursprünglichen Charakter bis heute bewahrt hat, und **Rocky Harbour** mit dem weithin sichtbaren *Lobster Cove Head Lighthouse* (Juni–Sept. tgl. 10–18 Uhr).

Zu den Höhepunkten des Nationalparks zählt eine *Bootsfahrt* auf dem in der Nähe von Sally's Cove gelegenen **Western Brook Pond**. Von der Ortschaft führt ein Wanderweg bis zum Rand des Sees, wo im Sommer mehrmals täglich ein Ausflugsschiff ablegt. Die Szenerie entfaltet sich wie in einem norwegischen Fjord. Auf 16 km Länge gräbt sich das Wasser in die *Schlucht*, die an manchen Stellen von bis zu 500 m hohen *Steilwänden* begrenzt wird. Da in Neufundland *nebelige Tage* nicht ungewöhnlich sind, sollte man genügend Zeit zum Umdisponieren mitbringen, damit die reizvolle Bootstour sich nicht buchstäblich im Nichts auflöst.

Angelfreunden seien die zahlreichen **Lachsflüsse** empfohlen, die sich im Gros Morne National Park befinden.

Ausflug

Der *Viking Trail* führt nach Verlassen des Nationalparks weiter nach Norden. Bei Port Saunders lohnt der Besuch der **Port**

Bei klarem Wetter schön wie im Bilderbuch – eine Bootsfahrt durch den Western Brook Pond im Gros Morne National Park

aux Choix National Historic Site (Juli/Aug. tgl. 9–18, Juni/Sept. bis 17 Uhr), wo in den 60er-Jahren des 20. Jh. bei Bauarbeiten menschliche Knochen, Waffen und Schmuck zutage kamen. Wissenschaftler datieren die Fundstücke mindestens ins Jahr 2300 v. Chr. und ordnen sie archaischen Indianern sowie Inuit zu. Die bedeutendsten und kunstvollsten Grabungsobjekte sind im *Visitor Centre* zu besichtigen.

Praktische Hinweise

Information

Visitor Centre Gros Morne National Park, an der Straße 430, 3 km südlich von Rocky Harbour, Tel. 709/458-24 17, Fax 709/458-20 59, www.parkscanada.gc.ca/grosmorne (Juni–Sept. tgl. 9–17 Uhr).

Hotels

TOP TIPP ***Aunt Jane's Place**, Woody Point, Tel./Fax 709/453-24 85, www.grosmorne.com/victorianmanor. Familiäre Atmosphäre, fünf geschmackvolle Zimmer und ein *Sample-Room*, ein früherer Kolonialwarenladen, der heute ein Antiquitätengeschäft ist.

***Ocean View Motel**, Rocky Harbour, Tel. 709/458-27 30, Fax 709/458-28 41, www.oceanviewmotel.com. Mittelklasse-Hotel in zentraler Lage im Gros Morne National Park.

***Sugar Hill Inn**, Norris Point, nahe des Scenic Lookout, Tel./Fax 709/458-21 47, www.sugarhillinn.nf.ca. Country Inn im skandinavischen Interior Design.

Camping

Mehrere Campgrounds, frühzeitig zu reservieren bei der Parkverwaltung in Rocky Harbour, Tel. 709/458-24 17

Restaurant

Lighthouse Restaurant, Woody Point, Tel. 709/453-22 13. Nur während der Sommersaison geöffnet, bietet gute Hummer- und Seafood-Gerichte.

Land in Sicht – der Wikinger Leif Erikson vor der Küste Neufundlands

Auf den Spuren der Wikinger

Auf der Suche nach dem sagenhaften **Vinland**, von dem in skandinavischen Legenden berichtet wird, machten sich norwegische Forscher Anfang der 1960er-Jahre auf den Weg nach Neufundland. Die Wissenschaftler um das Ehepaar **Helge** und **Anne Stine Ingstad** fanden schließlich bei L'Anseaux-Meadows Siedlungsspuren der **Wikinger**: Überwucherte Mauerreste von Häusern und Spuren von Werkstätten. Den entscheidenden Hinweis hatte das norwegische Team von einem ortsansässigen Fischer bekommen, der die Siedlungsreste ursprünglich für ein altes Indianer-Camp der Beothuck gehalten hatte.

46 L'Anse-aux-Meadows

TOP TIPP *Hier steht der steinerne Beweis, dass die Wikinger vor Kolumbus Amerika entdeckten.*

An der äußersten Nordspitze der Insel, am Ende der Straße 436, liegt die berühmte Ausgrabungsstätte L'Anse-aux Meadows National Historic Site. Bis heute sind die hier entdeckten Funde die einzigen sichtbaren Beweise dafür, dass **Wikinger** lange vor Kolumbus die Neue Welt entdeckten.

Vermutlich wurden *Leif Erikson* und seine 35 Männer um das Jahr 1000 auf dem Weg nach Grönland durch einen Sturm abgetrieben und landeten so in Neufundland. Bei einer der folgenden Exkursionen wurde das erste weiße Kind, *Snorri*, in der Neuen Welt geboren. Bereits im Jahre 986 soll der Wikinger Bjarni Herjolfsson die Küsten Labradors und Neufundlands zumindest gesehen haben. Auf seine Berichte stützte sich Jahre später Leif Erikson.

Die UNESCO hat die archäologische Stätte 1978 in ihre Liste des *Weltkulturerbes* aufgenommen. Die **Siedlung** (Juli/Aug. tgl. 9–18, Juni/Sept. bis 17 Uhr) wurde mit großem Aufwand rekonstruiert und vermittelt dem Besucher einen authentischen Eindruck vom Leben der Wikinger vor rund einem Jahrtausend.

Erlebnis Wikinger: Vor fast einem Jahrtausend lebten die Nordmänner in L'Anse-aux-Meadows in einfachen Torfhäusern

Praktische Hinweise

Information

Visitor Centre L'Anse-aux Meadows, St-Lunaire-Griquet, Tel. 709/623-26 08, Fax 709/623-20 28

47 Notre-Dame-Bay

Malerische Bucht mit vielen kleinen Inseln.

Die Küstenregion rund um die Notre-Dame-Bay ist einer der landschaftlichen Höhepunkte Neufundlands. Zahlreiche kleine Dörfer säumen die Uferlinie, eingenistet in kleine Buchten oder zwischen felsigen Klippen.

Die größte Stadt an der Küste ist **Lewisporte**, wo vor allem das *Museum By the Bay* (Juni–Weihn. tgl. 10–18 Uhr) einen Besuch lohnt. Hier erhält man einen Einblick in den harten Alltag der Menschen des 19. und frühen 20. Jh. Ferner werden Exponate der Beothuck-Indianer sowie Schiffsbaupläne aus dem 19. Jh., z. B. Entwürfe der Jachten für König George III. und den Prinzen von Dänemark, präsentiert.

50 km nördlich liegt der Ort Twillingate. Im Sommer können vom nahen **Long Point Lighthouse** gewaltige *Eisberge* gesichtet werden, die nach Süden treiben. Mit etwas Glück sieht man auch Wale in der Notre-Dame-Bay.

Östlich von Twillingate befindet sich die schmale Insel **Change Islands**. Dort scheint die Zeit stehen geblieben zu sein, erinnert noch vieles an die Anfänge der Besiedlung im 18. Jh. Und nur die wenigen Fahrzeuge verfügen über keine wirkliche Tradition, wurden die ersten Autos doch erst 1965 (!) auf das abgeschiedene Eiland verkauft.

Östlich benachbart besticht die Insel **Fogo Island** durch ihre ausgedehnten Sandstrände und die vielen neufundländischen Ponys, die während der Sommermonate überall grasen.

Wildschön und einsam – Fischerdorf Tilting auf Fogo Island in der Notre-Dame-Bay

48 Gander

Früher Luftverkehrsknotenpunkt, heute beschauliches Provinznest.

Die große Zeit der Stadt Gander liegt weit zurück, war der Aufschwung doch mit dem Ausbruch des Zweiten Weltkriegs und der Entwicklung des zivilen *transatlantischen Luftverkehrs* eng verbunden. Damals verliefen die alliierten Nachschubverbindungen über die neufundländische Stadt Richtung Europa. Tausende von startenden und landenden Militärflugzeugen brachten Waffen und Verpflegung an die europäische Front. An jene Zeit erinnert heute nur noch der *Commonwealth War Graves Commission Cemetery* östlich von Gander.

Mit der Geschichte der Luftfahrt beschäftigt sich das **North Atlantic Aviation Museum** (Juli/Aug. tgl. 9–21, sonst bis 17 Uhr) am internationalen Flughafen, der bis in die 70er-Jahre des 20. Jh. ein wichtiger Zwischenstopp für die Zivilluftfahrt war. Zahlreiche Maschinen mit entfernteren Zielen wurden hier aufgetankt. Im Zeitalter moderner Großraumjets mit größerer Reichweite sind Ganders bedeutende Luftfahrtzeiten jedoch endgültig vorbei.

i Praktische Hinweise

Hotels

*****Hotel Gander**, 100 Transcanada Highway, Tel. 709/256-39 31, Fax 709/651-26 41, www.hotelgander.com. 152 Zimmer und Suiten, Kinder unter 12 wohnen im Zimmer der Eltern umsonst. Mit Restaurant.

*****Irving West Hotel**, 1 Caldwell Street, Gander, Tel. 709/256-24 06, Fax 709/651-38 60. Gehobenes Mittelklasse-Hotel mit 62 Zimmern und Pool.

49 Terra Nova National Park

Urwüchsige Natur und eine Vielzahl von Rundwanderstrecken unterschiedlichen Schwierigkeitsgrades.

Rund 60 km südöstlich von Gander liegt der Terra Nova National Park, nach Gros Morne das zweitgrößte Schutzgebiet in Neufundland. Der Highway 1 durchquert den Park in nord-südlicher Richtung. **Visitor Centres**, in denen Touristen sich mit weiteren Informationen eindecken können, befinden sich an beiden Ein- bzw. Ausgängen bei Glovertown sowie Twin Rivers.

Wanderer können zwischen 16 unterschiedlich anspruchsvollen Wegstrecken auswählen, die vom einstündigen Rundkurs bis zum Ganztagesausflug reichen. Mit etwas Glück bieten sich gute Gelegenheiten zur *Tierbeobachtung*. Elche, Karibus und Schwarzbären sowie kleineres Wild sind zahlreich im Terra Nova National Park vertreten. Des weiteren sollte man sich *Aussichtspunkte* wie den **Bluehill Pond Lookout** nicht entgehen lassen.

Zwei ruhige kleine Orte liegen am Rand des Nationalparks: **Terra Nova** und das auf den Fremdenverkehr eingestellte Dorf **Charlottetown** am Clode Sound, wo man Boote mieten und Angelausflüge unternehmen kann.

Ausflug

Ein unbedingt lohnender Abstecher führt vom Südende des Nationalparks rund 60 km Richtung Osten zum **Cape Bonavista** auf der gleichnamigen Halbinsel. Einer Überlieferung zufolge soll der in englischen Diensten stehende italienische Entdecker *John Cabot* 1497 an dieser Stelle zum ersten Mal Land gesichtet und dem Ort den Namen ›Schöne Aussicht‹ gegeben haben. Der 500. Jahrestag seiner Landung wurde 1997 überall in Neufundland – besonders aber in Bonavista – groß gefeiert.

Ziel eines Besuchs ist der berühmte, 1843 errichtete *Leuchtturm*. Das weithin sichtbare, rot und weiß gestrichene Gebäude dient heute als *Museum* (Juli/Aug. tgl. 10–18 Uhr), in dem das einsame Leben eines Leuchtturmwärters im 19. Jh. nachgestellt wird.

Auf Futtersuche: Karibu mit hellem Frühjahrskleid im Terra Nova National Park

St. John's – die älteste Stadt Nordamerikas besitzt noch zahlreiche schöne Holzhäuser, auf dem Hügel thront die mächtige Roman Church of St. John the Baptist

i Praktische Hinweise

Information

Visitor Centres bei Twin Rivers und bei Glovertown, beide Tel. 709/533-28 01, Fax 709/533-27 06, (Mitte Mai–Sept.)

Hotels

******Terra Nova Golf Resort**, Port Blandford, Tel. 709/543-25 35, Fax 709/543-22 01, www.terranovagolf.com. Elegantes Golf-Hotel mit 18-Loch-Platz.

50 St. John's

Östlichste Stadt des nordamerikanischen Kontinents.

St. John's ist die mit knapp 100 000 Einwohnern größte Stadt Neufundlands und konzentriert auf ihr Einzugsgebiet nahezu ein Drittel der Provinzbevölkerung. Einen Teil ihrer Bedeutung verdankt die auf der Avalon-Halbinsel gelegene Stadt der Tatsache, dass ihr ausladender Naturhafen das ganze Jahr über eisfrei ist. Benannt wurde St. John's nach *John Cabot*, der 1497 auf seiner Fahrt entlang der kanadischen Ostküste Neufundland entdeckte [s. S. 12].

Die Stadt verfügt über eine Universität, ist anglikanischer und katholischer Bischofssitz und Zentrum der Fischerei-Industrie sowie des Schiffbaus. An der City Hall beginnt der *Transcanada Highway*, der bis zum Pazifik führt.

Geschichte 1497 soll *John Cabot* in die Bucht, an der St. John's liegt, gesegelt sein. Darüber gibt es jedoch keine schriftlichen Aufzeichnungen.

Zu Beginn des 16. Jh. nutzten europäische Fischer die geschützte Conception Bay für Reparaturarbeiten und zum Trocknen von Stockfisch. Aus dem zunächst nur saisonalen Aufenthaltsort entwickelte sich langsam eine Siedlung, um deren Besitz sich Franzosen und Engländer im 17. und 18. Jh. diverse Kämpfe lieferten. Im Frieden von Paris wurde St. John's 1763 schließlich endgültig den Briten zugesprochen.

Für das 19. Jh. verzeichnet die Chronik zum einen den stetigen wirtschaftlichen Aufschwung, zum anderen legten mehrere verheerende Brände die Stadt in Schutt und Asche. Nach dem letzten

Großbrand 1892 wurde das weitgehend zerstörte St. John's vollständig wieder aufgebaut. Dass St. John's die älteste Stadt Nordamerikas ist, kann man daher heute nur noch in wenigen Straßenzügen sehen.

Besichtigung Während im Stadtkern noch einiges an alter viktorianischer Bausubstanz erhalten ist, bestimmen die modernen Universitäts- und Verwaltungsgebäude der Provinzhauptstadt die Architektur außerhalb des Zentrums. Da die Sehenswürdigkeiten von St. John's relativ weit auseinander liegen, empfiehlt sich eine Rundfahrt mit dem Auto.

Als Ausgangspunkt einer Stadtbesichtigung bietet sich das zentral gelegene **The Rooms** (9 Bonaventure Avenue, Juni–Mitte Okt. Mo–Sa 10–17, Mi/Do bis 21, So 12–17 Uhr, Mitte Okt.–Mai Mo geschl., www.therooms.ca) an. Der Neubau erhebt sich dort, wo einst das Fort Townshend stand, und er beherbergt neben dem Kunstmuseum und dem Archiv der Provinz das *Newfoundland Museum*, das sich, unter besonderer Berücksichtigung der indianischen Kultur der *Beothuck-Indianer*, auf die regionale Geschichte konzentriert. Außerdem eröffnen sich dem Besucher immer wieder wunderbare Blicke über den Ort und das Meer.

Beothuck beim Hausbau aus Walknochen und Tierfellen im Newfoundland Museum

Weiße Riesen

Gigantische Gestalten von oft überraschend bizarrer Form treiben im Frühjahr an Neufundlands Ostküste vorbei Richtung Süden und bieten einen immer wieder faszinierenden Anblick. Die **Eisberge** kommen aus dem hohen Norden, sind dort von Gletscherenden, die sich ins Meer vorschieben, oder vom Inlandeis abgebrochen. Andere der weißen Riesen entstanden durch das Auftürmen von Packeis. Ihre Schwimmfähigkeit verdanken sie ihrer geringen Dichte, die unter der des Wassers liegt.

Die Eisberge können ohne weiteres mehrere Quadratkilometer groß werden und die Strömung treibt sie mitunter bis zum 40. Breitengrad. Nur etwa ein Siebtel ihrer Masse liegt über der **Wasseroberfläche**, was eine erhebliche Gefahr für den Schiffsverkehr darstellt. Der spektakuläre Untergang des als unsinkbar geltenden englischen Passagierschiffs **Titanic** im April 1912 beispielsweise ging auf den Zusammenstoß mit einem Eisberg im Nordatlantik zurück. Mehr als 1500 Menschen verloren dabei ihr Leben.

Eine besondere Eigenart der Eisgiganten ist ihre **Unberechenbarkeit**: Durch das allmähliche Abschmelzen auf dem Weg nach Süden kann sich der Schwerpunkt des Eisberges verändern – mit dem Resultat, dass die gewaltige Masse umkippt.

An der Military Road steht die **Roman Church of St. John the Baptist**, die bedeutendste Kirche der Stadt. Sie wurde 1855 aus Granit in Form eines lateinischen Kreuzes erbaut. In ihren beiden Türmen befinden sich insgesamt neun Glocken, darunter die 2 t schwere *St. John's Bell*. Im Inneren beeindrucken reiche *Blattgoldverzierungen*. Das angeschlossene *Museum* (Juni–Sept. tgl. 10–17 Uhr) befasst sich mit der Kirchengeschichte.

Der Military Road folgend, erreicht man das **Colonial Building**, in dem zwischen 1850 und 1960 die Regierung von Neufundland residierte.

Das **Commissariat House** in der King's Bridge Road (Juni–Sept. tgl. 10–17 Uhr) ist eines der wenigen Gebäude, das die verheerenden Stadtbrände überstanden hat. Es wurde 1818–21 im georgianischen Stil errichtet und im Geschmack der 30er-Jahre des 19. Jh. ausgestattet. Angestellte in zeitgenössischen Kostümen führen die Besucher im Sommer durch das Haus.

Abseits des Zentrums, an der Allandale Road, liegt das **Arts and Cultural Centre**, das anlässlich des 100. Geburtstages Kanadas 1967 entstand. In dem Komplex sind u.a. ein Theater untergebracht.

Am Prince Philip Drive beginnt das 1300 ha große Gelände des **Pippy Park**, dessen ausgedehnte Grünanlagen zahlreiche Möglichkeiten für Jogger, Spaziergänger, Picknickfreunde, Golfer und im Winter auch für Skilangläufer bieten. Moderner Blickpunkt ist das *Confederation Building*, das aus dem zwölfstöckigen Ostflügel des House of Assembly und dem niedrigeren, erst Mitte der 80er-Jahre des 20. Jh. angefügten Westflügel besteht. Auch die Gebäude der *Memorial University*, an der rund 14 000 Studenten eingeschrieben sind, und der *Botanische Garten* sowie das *Fluvarium* (Juli/Aug. tgl. 9–17, Mai/Juni/Sept./Okt. Mo–Fr 9–17, Sa/So 12–17, Nov.–April Mo–Fr 9–16.30 Uhr) befinden sich im Pippy Park. Das Fluvarium gewährt durch große Unterwasserfenster Einblick in den *Nagle's Hill Brook*, einen Nebenfluss von *Rennie's River*.

Präsentabel: das neoklassische Colonial Building mit seinem mächtigen Portikus war lange Zeit Sitz der Provinzregierung

Dem östlich gelegenen Stadtteil **Quidi Vidi** sollte man unbedingt einen Besuch abstatten. Seine Ursprünge reichen bis ins Jahr 1700 zurück. Immer noch strahlt er den Charme eines Fischerdorfes aus. Oberhalb des Tals trutzt die *Quidi Vidi Battery* (Juli–Sept. tgl. 10–17 Uhr), die die Franzosen nach der Eroberung von St. John's 1762 errichteten. Später haben die Briten die Festung in Besitz genommen und teilweise umgebaut. Heute ist die dem historisch-militärischen Kontext der Zeit um 1812 entsprechend restaurierte Anlage im Sommer von Angestellten in Uniformen der Royal Artillery bemannt.

Historisch besonders bemerkenswert ist die **Signal Hill National Historic Site** an der Signal Hill Road. Ursprünglich diente der Felsen als Signalstation für ankommende Schiffe. In die Geschichte ging jedoch die letzte Schlacht zwischen Franzosen und Engländern in Nordamerika während des Siebenjährigen Krieges ein. Die Festung, die einst über der Stadt thronte, wurde 1812 zerstört. Der *Cabot Tower* (Mitte Juni–Aug. tgl. 8.30–21 Uhr) auf der Bergspitze entstand 1897 zum 400. Jahrestages der Entdeckungsreise von John Cabot und gilt als eines der Wahrzeichen Kanadas. In seinem Inneren sind einige historische Ausstellungsstücke zu sehen. Einen herrlichen Ausblick auf die Bucht und dort treibende *Eisberge* (im Frühjahr) oder *Wale* (im Sommer) bietet sich vom Parkplatz unterhalb des Cabot Tower. Aber auch in die Technikgeschichte ging der Signal Hill ein: 1901 empfing *Guglielmo Marconi* das Signal der ersten drahtlosen Nachrich-

Unbedingt einen Ausflug wert – die Signal Hill National Historic Site mit dem berühmten Cabot Tower hoch über St. John's **(links)** *und das Seevogelschutzgebiet Cape St. Mary's Seabird Sanctuary* **(rechts)**

Einladung zum Verweilen: das stilvolle Bed & Breakfast Monroe House

tentransmission aus Europa auf dem danach benannten Hügel.

Ausflüge

11 km südlich von St. John's erreicht man den östlichsten Punkt Nordamerikas: **Cape Spear National Historic Site**. Blickfang ist der auf einem Hügel über dem Meer stehende älteste *Leuchtturm* der Provinz Neufundland, der heute als *Museum* (Mitte Mai–Mitte Okt. tgl. 10–18 Uhr) dient. Von 1836 bis 1955 war er in Betrieb.

Freunde der Ornithologie kommen im **Cape St. Mary's Seabird Sanctuary** voll auf ihre Kosten. Das Seevogelschutzgebiet im Südwesten der Avalon-Halbinsel bietet riesigen Kolonien von Möwen und Sturmvögeln Brut- und Nistreviere.

i Praktische Hinweise

Information

Department of Tourism, 348 Water Street, St. John's, Tel. 709/576-81 06, Fax 709/576-82 46, www.stjohns.ca

Hotels

******Delta St. John's Hotel and Conference Centre**, 120 New Gower Street, St. John's, Tel. 709/739-64 04, Fax 709/570-16 22, www.deltahotels.com. Luxuriöses Haus in zentraler Lage.

******Monroe House**, 8 A Forest Road, St. John's, Tel. 709/754-06 10,

Natives und Inuit

Kaum noch zwei Prozent der kanadischen Bevölkerung gehören zur Gruppe der **Ureinwohner**. Von den rund 28 Mio. Kanadiern zwischen Pazifik- und Atlantikküste zählen etwa 350 000 bis 400 000 zu den Natives, wie sich die Indianer nennen, und rund 30 000 zu den Inuit.

Der Begriff ›Native‹, vor allem aber der politisch besetzte Ausdruck ›First Nation‹, weist darauf hin, dass die Ureinwohner in den vergangenen Jahrzehnten massiv ihre Rechte gegenüber den Weißen, die erst viel später ins Land kamen, eingeklagt haben.

Erfolge dieser Bestrebungen waren die **verfassungsmäßige Anerkennung** ihrer Rechte durch die Bundesregierung in Ottawa 1982 sowie die seitdem erfolgten Kompensationszahlungen und die Einräumung eines **Autonomiestatus** in ihren Reservaten. Damit verbindet sich ein erhebliches Mitspracherecht insbesondere bei der Ausbeutung von Bodenschätzen, bei der Gewährung von Jagd- und Fischereilizenzen sowie der Entwicklung touristischer Infrastruktur.

Während die meisten Menschen **indianischer Abstammung** in etwa 2200 Reservaten über alle Provinzen verteilt vor allem im hohen Norden des Landes wohnen, ziehen zahlreiche andere umher oder haben sich in den großen Städten Toronto und Montréal niedergelassen.

Die **Inuit** sind überwiegend in den arktischen Regionen Kanadas, in Labrador sowie an der Hudson Bay in der Provinz Québec zu finden. Auch sie leben zum großen Teil nicht mehr traditionell. Das Fertighaus hat den Iglu inzwischen ersetzt. Aufmerksamkeit erregen jedoch zunehmend **Künstler** der Inuit und der Natives, die mittlerweile in führenden Museen und Galerien nicht nur in Kanada ausgestellt und verkauft werden.

www.monroehouse.nf.ca. Edles B & B: sechs Zimmer, drei davon im ehemaligen Haus eines Premierministers.

******The Fairmont Newfoundland**, 115 Cavendish Square, St. John's, Tel. 709/726-49 80, Fax 709/726-20 25, www.fairmont.com. Das zweite Spitzenhotel der Stadt.

*****The Battery Hotel & Suites**, 100 Signal Hill Road, St. John's, Tel. 709/576-00 40, Fax 709/576-69 43, www.batteryhotel.com. Schöner Blick vom Hügel auf Hafen und Stadt.

Restaurants

Classic Café, 364 Duckworth Street, St. John's, Tel. 709/579-44 44. Beliebtes Restaurant-Café mit traditioneller Neufundland-Küche und Seafood.

The Stone House, 8 Kenna's Hill, St. John's, Tel. 709/753-23 80. Neufundländische Küche in historischem Ambiente.

51 Labrador

Weites, größtenteils unerforschtes Land, Natur und Einsamkeit pur.

Die riesige Landmasse von Labrador ist politisch zwischen den Provinzen von Québec und Neufundland aufgeteilt. Der zu Neufundland gehörende Teil ist mit fast 300 000 km² beinahe dreimal so groß wie die Insel Neufundland und entspricht knapp der Fläche Deutschlands. Nur fünf Prozent der Provinzbevölkerung lebt in diesem rauen und unwirtlichen Landesteil. Die meisten Bewohner sind Inuit und Indianer sowie im Bergbau und in der Holzindustrie Beschäftigte, deren Vorfahren aus anderen Teilen der Welt stammen.

Verkehrsverbindungen von Neufundland bestehen nur per Fähre von St. Barbe und St. Anthony, ansonsten per Flugzeug. In **Goose Bay** befindet sich der größte Regionalflughafen, sodass sich der Ort gut als Ausgangspunkt für einen Abenteuertrip eignet – etwa nach *Aquittuq*, Kanadas nördlichstem Nationalpark.

Gut 250 km weiter westlich am Highway 500 liegt der Ort **Churchill Falls**, der nach den großen *Wasserfällen* benannt ist, die sich in der Nähe befinden. Der Churchill River fällt hier in mehreren Stufen insgesamt 300 m in die Tiefe. Ingenieure haben sich die Wasserenergie zunutze gemacht und produzieren mit gewaltigen Turbinen Strom.

Für die eisigen Winter Labradors gut gerüstet – mit Schlitten und Karibu-Fellen

In dieser rauen Gegend lassen sich jedoch nicht nur Naturerlebnisse finden: In **L'Anse Amour** an der Südküste befindet sich die 7500 Jahre alte *Grabstätte* eines zwölfjährigen Jungen, die älteste ihrer Art in Nordamerika.

Im nur ca. 20 km entfernten **Red Bay** lag im späten 16. Jh. der wichtigste *Walfangplatz* der Erde: Dort schufteten Hunderte von baskischen Seeleuten in einer frühen Industrieansiedlung der Moderne, um Europas Haushalte mit Öl für die Beleuchtung zu versorgen. 100 Mio. Liter Walöl wurden hier jährlich gewonnen und verschifft. Im *Red Bay Visitor Centre* (Mitte Juni–Sept. tgl. 9–18 Uhr) ist die Entdeckung von drei Segelschiffen der Walfänger aus der Zeit um 1500 dokumentiert, die sich im eisigen Wasser auf dem Meeresgrund vor der Bucht sehr gut erhalten haben.

i Praktische Hinweise

Hotels

*****Labrador Inn**, Happy Valley, Goose Bay, Tel. 709/896-33 51, Fax 709/896-39 27, www.labradorinn.nf.ca. Für Labrador richtig komfortabel. 74 Zimmer und Suiten.

****Churchill Falls Inn**, Churchill Falls, Tel. 709/925-32 11, Fax 709/925-35 44. Bescheidene Unterkunft mit 21 Zimmern.

****Lighthouse Cove Bed & Breakfast**, L'Anse-Amour, Tel./Fax 709/927-56 90, www.bbcanada.com/295.html. Da nur drei Zimmer zur Verfügung stehen, sollte man unbedingt vorbestellen.

****Whaling Station Cabins**, Red Bay, 61 East Harbour Drive, Tel./Fax 709/920-21 56. Vier einfache Unterkünfte.

LA BELLE ÉPOQUE
LE TRAMWAY ROYAL

Kanada aktuell A bis Z

Vor Reiseantritt

ADAC Info-Service:
Tel. 018 05/10 11 12, Fax 018 05/30 29 28 (0,12 €/Min.)

ADAC im Internet:
www.adac.de
www.adac.de/reisefuehrer

Kanada im Internet:
www.canadatourism.com
www.keepexploring.ca

Prospekte und Informationen bei:

Canadian Tourism Commission, c/o Lange Touristik-Dienst, 63477 Maintal, Tel. 018 05/52 62 32 (0,12 €/Min.), Fax 061 81/49 75 58, www.travelcanada.ca. Die kanadischen Tourismusämter unterhalten derzeit nur in Deutschland Büros, die aber auch für Österreich und die Schweiz zuständig sind.

Ontario Tourism,
Sonnenstr. 9, 80331 München, Tel. 089/23 66 21 68, Fax 089/23 66 21 99, www.ontariotravel.net

Allgemeine Informationen

Reisedokumente

Deutsche, Österreicher und Schweizer benötigen für die Einreise nach Kanada einen zumindest für die Dauer der Reise gültigen **Reisepass**. Wer länger als 90 Tage im Land bleiben möchte, braucht eine Genehmigung der Einreisebehörde.

Kfz-Papiere

Der nationale Führerschein genügt.

Krankenversicherung und Impfungen

Der Abschluss einer **Auslandskrankenversicherung** vor Reiseantritt für die Dauer des Aufenthaltes in Kanada ist unerlässlich, da die gesetzliche/private Krankenkasse die in Nordamerika entstehenden Arzt- oder Krankenhauskosten möglicherweise nicht übernimmt.

Hund und Katze

Im *EU Heimtierausweis*, den der Tierarzt ausstellt, muss die Kennzeichnung des Haustieres (durch Mikrochip oder Tätowierung) sowie eine Tollwutimpfung (mind. 30 Tage, max. 12 Monate alt) eingetragen sein. Zusätzlich wird von vielen Fluglinien ein tierärztliches Gesundheitszeugnis verlangt. Weitere Informationen: www.inspection.gc.ca

Kultur, Sport, Freizeitspaß und Lebensfreude: Schauspiel des Changing of the Guards in Ottawa **(oben)**, *mit dem Fahrrad unterwegs in und rund um Montréal* **(Mitte)**, *Stadtbesichtigung von Québec City auf die nostalgische Art* **(unten)**

Zollbestimmungen

Die **Einfuhr** von frischen Lebensmitteln, Pflanzen und landwirtschaftlichen Erzeugnissen ist verboten. Geschenke bis zu einem Wert von 60 Dollar pro Empfänger sind zollfrei. Pro Person dürfen 1,5 l Alkohol oder 1,14 l Spirituosen oder 8,5 l Bier, 200 Zigaretten oder 200 g Tabak oder 50 Zigarren zollfrei eingeführt werden.

Bei der **Rückreise** liegt der Gesamtwert mitgebrachter Waren oder Geschenke bei 180 € pro Person inklusive der Einkäufe im *Duty Free Shop*. Maximal erlaubt sind 200 Zigaretten oder 100 Zigarillos oder 50 Zigarren oder 250 g Tabak, 20 g Parfum, 1 l Spirituosen mit mehr als 22 % Alkohol bzw. 2 l mit weniger als 22 % Alkohol.

Geld

Die nationale Währung ist der kanadische Dollar (CDN$). Die Ein- und Ausfuhr ist in beliebiger Höhe gestattet. Im Umlauf sind Münzen zu 1 Cent, 5 Cents, 10 Cents (dime), 25 Cents (quarter), 1 Dollar und 2 Dollars sowie Banknoten zu 5, 10, 20, 50 und 100 Dollar.

Die gängigen **Kreditkarten** werden überall akzeptiert. Mit der **EC-Karte** kann man Bargeld an Automaten mit dem Maestro-Symbol abheben. **Traveller**

Checks, auf kanadische Dollar ausgestellt, genießen eine hohe Akzeptanz.

Tourismusämter im Land

Die kanadischen **Provinzvertretungen** geben gerne Auskunft über die nächst gelegene Anlaufstelle. Die *gebührenfreien* 1-800-Nummern können aber nur innerhalb Nordamerikas gewählt werden.

Ontario Ministry of Tourism, Tel. 1-800/668-27 46, www.ontariotravel.net

Tourisme Québec, Tel. 1-877/266-56 87, www.bonjourquebec.com

Tourism and Parks New Brunswick, Tel. 1-800/561-01 23, www.tourism newbrunswick.ca

Prince Edward Island Tourism, Tel. 1-800/463-47 34, www.gov.pe.ca/visitorsguide

Nova Scotia Department of Tourism and Culture, Tel. 1-800/565-00 00, www.novascotia.com

Newfoundland and Labrador Tourism, Tel. 1-800/563-63 53, www.newfoundland andlabradortourism.com

Die Fremdenverkehrsämter und Informationsbüros der einzelnen Orte sind unter den ›Praktischen Hinweisen‹ der Besichtigungspunkte zu finden.

Notrufnummern und Adressen

Polizei, Ambulanz, Feuerwehr: 911

Operator, Telefonauskunft, Vermittlung: 0 (auch Hilfevermittlung in Notfällen)

CAA Pannenhilfe (Canada Automobile Association), 1145 Huntclub Road, Suite 200, Ottawa, Ontario K1V 0Y3, Tel. 613/247-01 17 oder 1-800/222-43 57 (gebührenfrei, nur in Nordamerika), www.caa.ca

ADAC Notrufstation USA/Kanada: 1-888/222-13 73 (ganzjährig)

ADAC-Notrufzentrale München: 011 49/89/22 22 22 (rund um die Uhr)

ADAC Ambulanzdienst München: 011 49/89/76 76 76 (rund um die Uhr)

Österreichischer Automobil Motorrad und Touring Club
ÖAMTC Schutzbrief Nothilfe: Tel. 011 43/(0)1/2 51 20 00

Touring Club Schweiz
TCS Zentrale Hilfsstelle: Tel. 011 41/(0)2 24 17 22 20

Diplomatische Vertretungen

Deutschland

Kanadische Botschaft, Leipziger Platz 17, 10117 Berlin, Tel. 030/20 31 20, Fax 030/20 31 25 90, www.international.gc.ca

Kanadisches Konsulat, Benratherstr. 8, 40213 Düsseldorf, Tel. 02 11/17 21 70, Fax 02 11/35 91 65

Kanadisches Konsulat, Ballindamm 35, 20095 Hamburg, Tel. 040/460 02 70, Fax 040/46 00 27 20

Kanadisches Generalkonsulat, Tal 29, 80331 München, Tel. 089/219 95 70, Fax 089/21 99 57 57

Österreich

Kanadische Botschaft, Laurenzer Berg 2, 1010 Wien, Tel. 01/531 38 30 00, Fax 01/531 38 33 21, www.international.gc.ca

Schweiz

Kanadische Botschaft, Kirchenfeldstr. 88, 3005 Bern, Tel. 03 13 57 32 00, Fax 03 13 57 32 10, www.international.gc.ca

Kanada

Deutsche Botschaft, 1 Waverley Street, Ottawa, Ontario K2P 0T8, Tel. 613/232-11 01, Fax 613/594-93 30, www.ottawa.diplo.de

Österreichische Botschaft, 445 Wilbrod Street, Ottawa, Ontario K1N 6M7, Tel. 613/789-14 44 Fax 613/789-34 31, www.aussenministerium.at/ottawa

Botschaft der Schweiz, 5 Marlborough Avenue, Ottawa, Ontario K1N 8E6, Tel. 613/235-18 37, Fax 613/563-13 94, www.eda.admin.ch/canada

Besondere Verkehrsbestimmungen

Die **Geschwindigkeitsbegrenzungen** betragen auf Highways gewöhnlich 100 km/h, auf Landstraßen 80 km/h und innerhalb geschlossener Ortschaften 50 km/h – die jeweils gültigen Begrenzungen werden durch Schilder ausgewiesen. Auf Kanadas Straßen herrscht **Anschnallpflicht**.

Ampeln befinden sich im Allgemeinen hinter der Kreuzung. Der Verkehr muss bei Rot jedoch an der weißen Haltelinie vor der Kreuzung stehenbleiben. Bei **Stoppschildern** mit dem Zusatz ›4-Way-Stop‹ müssen Verkehrsteilnehmer aus allen Richtungen an der Kreuzung kurz anhalten, bevor sie der Reihenfolge ihrer Ankunft nach weiterfahren.

Schulbusse mit seitlich ausgefahrenem Stoppschild und eingeschalteter Warnblinkanlage dürfen in keiner Fahrtrichtung passiert werden.

Im Straßenverkehr herrscht absolutes **Alkoholverbot**. Die Beförderung alkoholischer Getränke im Innenraum des Fahrzeugs ist nicht gestattet. Sie müssen im Kofferraum deponiert werden. Die **Promillegrenze** liegt in New Brunswick und Neufundland bei 0,5, sonst bei 0,8.

Bei **Verkehrskontrollen** folgt der Streifenwagen dem vermeintlichen Übeltäter und fordert ihn durch Blinklichter und Sirenengeheul auf, auf dem Seitenstreifen zu halten. Bleiben sie im Auto sitzen und warten sie bei geöffnetem Seitenfenster die Hände gut sichtbar am Lenkrad, bis der Polizist zum Wagen kommt.

Die Straßen in Kanada sind meist nicht durch **Hinweisschilder** mit Ortsnamen, sondern nur durch Nummern sowie die Angabe der Himmelsrichtung ausgewiesen. Zudem sind die Ausfahrten *(Exits)* der Highways durchnummeriert und nicht mit Ortsbezeichnungen versehen. Es ist daher erforderlich, eine detaillierte *Straßenkarte* zur Hand zu haben.

Sicherheit

Die Kriminalitätsrate in Kanada ist relativ niedrig. Dennoch sollte man, vor allem in den großen Städten, dieselben Vorsichtsmaßnahmen treffen wie zu Hause – möglichst keine wertvollen Schmuckstücke mitnehmen, Bargeld nicht in aller Öffentlichkeit zählen, Handtasche oder Fotoausrüstung nicht unbeaufsichtigt stehen lassen.

Gesundheit

Wichtige **Medikamente** sollte man möglichst in ausreichender Menge mitnehmen, da europäische Produkte in Kanada unter Umständen nicht in gleicher Rezeptur oder Dosierung erhältlich sind.

Stromspannung

Kanada verfügt über ein 110-Volt-Netz, an dem europäische Geräte nur funktionieren, wenn sie von 220 auf 110 Volt umstellbar sind, oder mit einem Adapter (Amerikastecker), den man am besten vor Reiseantritt kauft.

Maße und Gewichte

1975 hat Kanada Maße und Gewichte auf das metrische System umgestellt. Seitdem geben Hinweisschilder auf Autobahnen die Entfernungen in Kilometern an, die Temperaturangaben sind in Grad Celsius ausgewiesen.

Orientierung mit Nummernsystem – eine Straßenkarte darf da nicht fehlen

Zeitzonen und Uhrzeiten

Kanada ist ein Land von kontinentalen Ausmaßen. Deshalb gibt es allein in Ostkanada drei Zeitzonen: **Eastern Time** (MEZ -6 Std.) in Ontario und Québec, **Atlantic Time** (MEZ -5 Std.) in New Brunswick, Prince Edward Island und Nova Scotia sowie **Newfoundland Time** (MEZ -4,5 Std.) in Neufundland.

Die Angabe von Uhrzeiten folgt einer Unterteilung des Tages in zweimal zwölf Stunden. Der Zusatz a.m. (ante meridiem) gilt bis mittags, die Angabe p.m. (post meridiem) für die zweite Tageshälfte.

Anreise

Der wichtigste internationale Flughafen im Osten Kanadas ist der Lester B. Pearson Airport in **Toronto**. Von dort verkehren mehrmals täglich auch nationale Flüge nach Montréal, Ottawa, Halifax und St. John's.

Air Canada fliegt täglich ab Frankfurt und München nach Toronto, Montréal, Calgary und Vancouver. *Lufthansa* fliegt ab Frankfurt nach Toronto. Von April bis Oktober gibt es zusätzliche Charterflüge (air transat, LTU International Airways, Condor). Die *Austrian Airlines* fliegt mehrmals wöchentlich von Wien nach Toronto und Montréal, die *SWISS* von Zürich nach Montréal.

Bank, Post, Telefon

Bank

Die Geldinstitute haben in der Regel Mo–Fr 10–16 Uhr geöffnet. In kleineren Orten wird während der Mittagspause geschlossen. In den größeren Städten befinden sich zahlreiche Geldautomaten, an denen man mit seiner Kreditkarte Bargeld abheben kann.

Post

Postämter haben im Allgemeinen Mo–Fr 9–17.30 Uhr geöffnet, die Hauptpostämter der Großstädte auch am Wochenende. Briefmarken gibt es außerdem in Hotels und Andenkenläden zu kaufen.

Telefon

Internationale Vorwahlen:
Kanada 0 01
Deutschland 0 11 49
Österreich 0 11 43
Schweiz 0 11 41

Wer Hilfe bei Fern- oder Auslandsgesprächen benötigt, kann mit 0 die *Operator assistance* anwählen.

Öffentliche Telefone sind in Kanada weiter verbreitet als bei uns. Ob an Straßen, in Shopping Malls, in Restaurants, Bahnhöfen oder öffentlichen Gebäuden – überall hängen die schwarz-silbernen *pay phones*, für die man am besten 25-Cent-Münzen (quarters) bereithält.

Telefonkarten- oder **Kreditkarten-Telefone** sind ebenfalls weit verbreitet. Die verschiedenen Telefonkarten sind jedoch nicht immer außerhalb der jeweiligen Provinzgrenzen gültig, sondern nur an den Apparaten der jeweiligen Telefongesellschaft.

In Kanada können GSM-*Mobiltelefone* nur dann genutzt werden, wenn sie auf der landesüblichen Frequenz von 1900 MHz (Triple Band Handy) arbeiten. Es gibt aber keinen flächendeckenden Netzzugang.

Einkaufen

Öffnungszeiten

Die Ladenöffnungszeiten werden in Kanada großzügig gehandhabt, da es in dieser Hinsicht keine gesetzlichen Regelungen gibt. Im Allgemeinen sind die Geschäfte in den Städten Mo–Sa 9–18 Uhr, Do/Fr bis 21 Uhr geöffnet. Shopping Malls schließen oft erst gegen 22 Uhr. Sonntags kann man in vielen kleineren Läden einkaufen, während die großen Kaufhäuser meist geschlossen sind. Bestimmte Supermärkte haben sogar 24 Stunden auf.

Souvenirs

Zu den klassischen Mitbringseln aus Kanada zählen die kunsthandwerklichen Produkte der *Indianer* wie **Lederbeutel** oder **Mokassins** und der *Inuit*, deren **Figuren aus Walknochen** oder Speckstein ebenfalls in den meisten Souvenir Shops in reicher Auswahl zu finden sind. Beliebt

Ahornsirup – der dunkelbraune, süße Saft, der aus Kanadas Bäumen fließt, ist eines der beliebtesten Souvenirs

Fast Food im Neon-Look – der Schein ist häufig trügerisch: In den meisten Schnellrestaurants werden auch beinahe ›richtige‹ Mahlzeiten serviert

sind zudem die gestrickten **Wollpullover** und handgefertigten **Quilts** aus den Atlantikprovinzen sowie natürlich der berühmte **Ahornsirup**: Ontario und Québec zählen zu den wenigen Regionen in der Welt, in welchen das Vitamin-C-reiche Süßungsmittel Maple Syrup hergestellt wird. Daneben eignen sich auch kanadischer **Whiskey** und ein guter **Wein** aus der Niagara-Region als Souvenir.

Steuern

Sämtliche Preisauszeichnungen für Güter und Dienstleistungen in Kanada sind **netto**, zu der Rechnungssumme addiert sich also noch die je nach Provinz unterschiedlich hohe Umsatzsteuer. Zusätzlich wird in Ontario und den Atlantikprovinzen die GST, in Québec die PST aufgeschlagen. Die während des Aufenthaltes in Kanada gezahlte **Verkaufssteuer** wird auf Antrag für Waren, die innerhalb von 60 Tagen nach dem Kauf aus Kanada ausgeführt werden, sowie für Übernachtungskosten gegen Vorlage der Originalquittungen erstattet. Antragsformulare für das *Customs and Excise Visitor Rebate Program* sind u.a. in den Duty Free Shops an den Flughäfen erhältlich oder bei: **Revenue Canada**, Tel. 1-800/668-47 48, vom Ausland 902/432-56 08, www.ccra.gc.ca.

Essen und Trinken

Frühstück

Zum ›Breakfast‹ liebt es der Kanadier im Allgemeinen süß oder deftig. Pfannkuchen mit Ahornsirup *(Maple syrup)* oder Eier je nach Wunsch – als Rührei *(Scrambled)*, als Spiegelei *(Sunny side up)*, zweiseitig gebraten *(Overeasy)* oder gekocht *(Boiled)* – mit Schinken *(Ham)* oder Schinkenspeck *(Bacon)* sowie gebratenen Würstchen *(Sausage)* erfreuen sich großer Beliebtheit. Dazu gibt es meist Toast mit Butter und Marmelade *(Jam)*. Kaffee wird immer kostenlos nachgeschenkt *(Refill)*. Ein *Continental breakfast* entspricht in etwa den heimischen Gewohnheiten.

Mittag- und Abendessen

Die kanadische Küche variiert je nach Region. Da Kanada über viele Tausend Kilometer Küste verfügt, spielen *Seafood-Restaurants* mit ihrem reichen Angebot an Meeresfrüchten eine bedeutende Rolle. Daneben dominieren die allgegenwärtigen *Fast-Food-Läden*, die jedoch weitaus vielseitiger in der Auswahl ihre Speisen sein können als die klassischen Burger-Ketten, und die zahlreichen *Nationalitäten-Restaurants*.

Hummer *(Lobster)* genießt in den Atlantikprovinzen nicht die Exklusivität wie in Europa, da er reichlich und relativ preiswert vorhanden ist. Er wird in allen nur denkbaren Variationen serviert, vom ganzen Hummer ›pur‹ bis zu ausgeklügelten Gourmetkreationen.

Austern *(Oysters)* von Prince Edward Island sind ebenso wie die überall an der Atlantikküste vorkommenden **Kammmuscheln** *(Scallops)* weitere kulinarische Leckerbissen. Ausgesprochen würzig und schmackhaft ist ›Chowder‹, eine sämige **Fischsuppe**, die mit Hummer- oder Muscheleinlage gegessen wird. Die Auswahl an Fischarten ist groß, da neben den Salz- auch die Süßwasserfische der Flüsse und zahllosen Seen häufig auf dem kanadischen Speiseplan stehen. So reicht die Palette der Speisekarten denn auch vom **Lachs** bis zum **Heilbutt**, vom **Dorsch** bis zum **Hecht**.

Eine eigenständige Küche französischer Tradition hat sich in der Provinz Québec herausgebildet. Leckere **Crêpes** wie in der Bretagne, mit Wild oder Geflügel gefüllte **Pasteten** und kalorienreiche, deftige **Suppen** bestimmen hier den Speiseplan, daneben aber auch typische Québecer Gerichte wie ›Fèves au lard‹ (Schweinefleisch mit Bohnen).

Steaks stehen in Kanada ähnlich hoch im Kurs wie in den USA. Das Fleisch ist meist qualitativ besser als bei uns. Bei der Bestellung fragt der Kellner immer nach dem Zubereitungswunsch. ›Well done‹ heißt gut durchgebraten, ›Medium‹ steht für außen knusprig, innen zart-rosa und ›Rare‹ für kurz angebraten und fast roh.

Getränke

Bei den Getränken dominieren **Soft drinks** wie Eistee oder Cola sowie Bier. Heimisches **Bier** ist im Allgemeinen besser als amerikanischer Gerstensaft. Die bekanntesten Marken sind Molson, Labatt und O'Keefe. Auch in Kanada erfreuen sich Biere mit geringem Alkoholgehalt *(Light beer)* zunehmender Beliebtheit. Und bevor man sich beim Wirt beschwert, sollte man wissen: Der Kanadier bevorzugt Bier ohne Schaum. Was in Deutschland als schlecht gezapft gilt, ist in Kanada normal.

Wein wird in der Gegend um die Niagara-Fälle angebaut. Das milde Mikroklima und die guten Böden eignen sich hervorragend dazu. Die Namen der Weingüter wie ›Hillebrand Winery‹ [s. S. 33] verraten es: Einige der Winzer stammen aus Deutschland.

Das Trinkgeld *(Tip, Gratuity)* ist für Angestellte in Dienstleistungsberufen ein wesentlicher Bestandteil ihres Einkommens, es ist nicht in der Restaurantrechnung enthalten. Der übliche Satz liegt bei etwa 10–15 % der Rechnungssumme. Man kann das Trinkgeld für die Bedienung entweder auf dem Tisch liegen lassen oder den Betrag auf der Kreditkartenabrechnung eintragen.

Ganz spezielle Spezialität: Das über dem Feuer geröstete Indian Bread ›Bawwock‹ gibt es nur auf Moose Factory Island

Trinken mit Lizenz

Nicht in jedem Restaurant wird selbstverständlich **Alkohol** ausgeschenkt. In Speiselokalen, die die hierfür nötige Lizenz nicht besitzen, wird den Gästen unter dem Motto ›bring your own bottle‹ jedoch das Mitbringen ihrer eigenen alkoholischen Getränke gestattet.

Diskret in braunes Packpapier gewickelt, kann man den dafür nötigen Bedarf an Alkohol zuvor in den staatlichen ›Liquor stores‹ (in Québec heißen sie ›Société des alcools‹) einkaufen.

Feste und Feiern

Feiertage

Offizielle Feiertage sind New Year's Day (1. Januar), Easter Monday (Ostern), Victoria Day (Montag vor dem 25. Mai), Canada Day (1. Juli), Labour Day (1. Montag im September), Thanksgiving (2. Montag im Oktober), Christmas Day (25. Dezember).

Feste

Regionale oder historische Ereignisse bilden den Hintergrund für zahlreiche Feste. Das ganze Jahr über wird viel gefeiert, meistens aber im Frühjahr, Sommer und Herbst.

Februar

Québec City: Carnaval. Die frostig-heiße Fete zieht Hunderttausende von Besuchern an. Konzerte, Wettbewerbe und Hundeschlittenrennen runden die ›närrische Woche‹ ab.

Ottawa: Winterlude Festival. Ausgelassene Feierlichkeiten rund um Schnee und Eis mit Kunst, Kultur und Sport.

März

Ahornsirup-Festivals: Überall im Land finden die traditionellen Feste statt, denn in der Zeit von Februar bis April gewinnt man den Saft in den riesigen kanadischen Wäldern.

Juni

Annapolis Valley: Blossom-Festival in der Apfelkammer Ostkanadas.

Juli

St. John's: Signal Hill Tattoo. Historischer Zapfenstreich, der an das britische Infanterieregiment des 19. Jh. erinnert.

Toronto: Caribana. Farbenprächtige Umzüge, veranstaltet von Einwanderern aus der Karibik (bis Aug.).

September

Niagara-on the Lake: Grape and Wine Festival. Erntedankfest im Weinanbaugebiet.

Ein eisiges Vergnügen, das keiner missen will – Québec Citys berühmter Carnaval

Oktober

Kitchener: Oktoberfest. Gilt nach München als das zweitgrößte Oktoberfest der Welt (www.oktoberfest.ca).

Klima und Reisezeit

In Kanada herrscht Kontinentalklima. Die Sommer sind relativ kurz und warm, die Winter lang, schneereich und äußerst kalt. Klima- und wetterbestimmend sind die riesige Landmasse, über die im **Winter** die Blizzards bis weit in die USA hinein fegen, die Großen Seen und der St.-Lorenz-Strom, die das lokale Wetter feuch-

Wer hätte das gedacht? Sandstrand, Sonnenschein und Körperkult an der Georgian Bay Sommerferien auf kanadisch

ter und zugleich milder machen, sowie der kalte Labradorstrom im Atlantik, der sich nach Süden ausdehnt und dem warmen Golfstrom keine Chance lässt. Im **Sommer** wiederum können subtropische Luftmassen ungehindert aus dem Süden vordringen und das große Land allmählich aufheizen.

In den *Atlantikprovinzen* wird das Wetter stärker vom Meer bestimmt. Regen und Nebel sind hier keine Seltenheit, das Klima ist gemäßigter als im kontinentalen Landesinneren.

Die **Hauptreisezeit** in Ostkanada sind die Monate Juli und August. Dann kann die Buchungslage bei Hotels und Fluglinien mitunter äußerst angespannt sein, da auch viele US-Amerikaner zu einem Kurztrip nach Norden aufbrechen. Auch der berühmte *Indian Summer* wird zunehmend als idealer Reisetermin entdeckt. Die prachtvolle Laubfärbung, die hier intensiver abläuft als in Europa, lockt immer mehr Naturliebhaber im September und Oktober nach Kanada.

Klimadaten Montréal

Monat	Luft (°C) min./max.	Sonnen-std./Tag	Regen-tage
Januar	-13/ -5	3	11
Februar	-11/ -4	5	9
März	-5/ 2	5	10
April	2/ 11	6	10
Mai	9/18	7	10
Juni	15/25	8	10
Juli	17/26	8	10
August	16/25	8	10
September	12/20	6	9
Oktober	6/ 14	4	10
November	0/ 6	2	12
Dezember	-9/ -3	2	12

Klimadaten Halifax

Monat	Luft (°C) min./max.	Sonnen-std./Tag	Regen-tage
Januar	-9/ 0	4	12
Februar	-9/ 0	5	10
März	-5/ 3	5	11
April	0/ 8	5	11
Mai	4/13	6	11
Juni	9/18	7	9
Juli	13/22	7	8
August	14/22	7	8
September	10/19	6	8
Oktober	5/13	5	9
November	1/ 8	4	12
Dezember	-6/ 2	3	14

Kultur live

Vor allem die Städte Ostkanadas bieten eine Vielfalt kultureller Veranstaltungen. In der Landeskapitale **Ottawa** finden das ganze Jahr über Konzerte, Theateraufführungen sowie Opernpremieren im *National Arts Centre* (www.nac-cna.ca) statt. Nicht umsonst genießt Ottawa landesweit den Ruf als Stadt der Festivals.

Die Heimstätte des besten kanadischen Orchesters, des *Montréal Symphony Orchestra* (www.osm.ca), ist das Kulturzentrum Place des Arts in **Montréal**, wo im Salle Wilfrid Pelletier regelmäßig Konzerte stattfinden. Mehrere Theater in der Metropole bringen englisch- und französischsprachige Stücke auf die Bühne, zahlreiche Kinos bieten ebenfalls eine große Palette aktueller Filme.

Ende Juni/Anfang Juli gibt es ein Stelldichein der internationalen Jazzszene auf dem *Jazzfestival* (www.montrealjazzfest.com). Dann verwandelt sich die Stadt in eine einzige Bühne. In Konzertsälen, auf den Straßen und in den Clubs spielt die Crème der Jazzmusik vor begeisterten Fans auf. Renommiert ist auch das *Festival des Films du Monde* (www.ffm-montreal.org), das jedes Jahr Ende August stattfindet und neben einheimischen Produktionen ein Forum für Nachwuchsfilmer, europäische Produktionen und Filme aus der Dritten Welt bietet.

In **Toronto** schlägt sich die ethnische Vielfalt der Bewohner auch in kultureller Hinsicht spürbar nieder. Der Veranstaltungskalender ist hier gefüllt mit einer bunten Mischung verschiedenster Theater-, Konzert- und Opernveranstaltungen sowie Kabarettabenden und Varietes. Mittlerweile hat sich die Stadt sogar zur zweitgrößten Theatermetropole Nordamerikas entwickelt [s. S. 19].

April

Stratford: Stratford-Theater-Festival. Shakespeare-Inszenierung mit international renommierten Schauspielern (Ende April bis Ende Okt., www.stratford-festival.on.ca).

Niagara-on-the-Lake: Shaw-Festival. Aufführungen von Theaterstücken des irischen Dramatikers George Bernard Shaw (Ende April bis Ende Okt., www.shawfest.com).

Durch die schäumenden Fluten des Ottawa River: Herausforderung für Kajak-Fans und Rafting-Freunde in einer grandiosen Flusslandschaft

Juni/Juli

Montréal: Beim Festival International de Jazz dreht sich die Jazzwelt um den Place des Arts.

August

Montréal: Festival des Films du Monde, das zu den renommiertesten internationalen cinéastischen Veranstaltungen zählt.

November

Toronto: Canadian Aboriginal Festival. Die Ureinwohner präsentieren ein umfangreiches Kultur- und Folklore-Programm (www.canab.com).

Sport

Kanada ist eines der klassischen Länder für **Outdoor activities**. *Wanderer* und *Mountainbiker* kommen ebenso auf ihre Kosten wie *Golfspieler*, *Kanuten*, *Angler*, *Segler* oder Abenteuerlustige, die sich beim *River Rafting* kühn in die Stromschnellen stürzen.

Besonders attraktiv für alle, die sich gerne in freier Natur bewegen und sportlich betätigen, sind die zahlreichen **Nationalparks** (www.pc.gc.ca) und **Provinzparks**, die beispielsweise mehrere Hunderttausend Kilometer Kanustrecken und unzählige Wanderwege bieten. Detaillierte Informationen zu sämtlichen Aktivitäten erteilen die Visitor Centres der jeweiligen Parks.

Durch günstige Flugtarife angelockt, finden zunehmend auch europäische **Wintersportler** Gefallen daran, Langlauf, Abfahrtslauf, einen schnellen ›Ritt‹ auf dem *Snowmobil* oder das Erlebnis eines *Hundeschlittenrennens* fern der überlaufenen Skigebiete in Europa zu genießen.

Statistik

Lage: Ostkanada umfasst die Kernprovinz Ontario, das frankophone Québec sowie die atlantischen Provinzen Nova Scotia, New Brunswick, Prince Edward Island und Neufundland. Im Westen wird Ostkanada geographisch von der Zentralprovinz Manitoba, im Osten vom Atlantik, im Süden von den USA und im Norden von der Hudson Bay sowie den Northwest Territories begrenzt.

Verwaltung: Die sechs Provinzen Ostkanadas besitzen jeweils eine eigene Regierung und ein Parlament.

Fläche: Ostkanada rund 2 800 000 km², Kanada insgesamt rund 9 970 000 km².

Bevölkerung: Ein Drittel der rund 32 Mio. Einwohner Kanadas hat britische, ein Viertel französische Vorfahren, jeweils ein Fünftel andere europäische oder asiatische Ursprünge, etwa 3 % sind afrikanischer Herkunft. 75 % der Bevölkerung Kanadas leben in den östlichen Provinzen.

Hauptstadt Kanadas: Ottawa

Wirtschaft: Kanada ist neben den USA und Mexiko Mitglied der Nordamerikanischen Freihandelszone (NAFTA). Kanadas Wirtschaft ist eng mit der Ökonomie der USA verzahnt: Etwa 75 % der Ausfuhren und 70 % der Importe werden mit dem südlichen Nachbarn abgewickelt. Kanada ist reich an Bodenschätzen. Erze und

Mineralien, Öl, Gas und Holz werden in großem Umfang exportiert. Auch in der Agrarproduktion ist das Land führend, gehört es doch u. a. zu den weltgrößten Weizenlieferanten. Der Fischfang sowie die weiterverarbeitende Fischindustrie sind vor allem in Ostkanada traditionell stark vertreten. Die großen Städte entwickeln sich zunehmend zu Dienstleistungszentren. Im industriellen Sektor spielt der Fahrzeug- und Maschinenbau eine wichtige Rolle sowie die Energiegewinnung. Der Wasserreichtum hat dazu geführt, dass Kanada Strom im Überschuss produziert und in beträchtlichen Mengen in die USA verkauft.

Unterkunft

Bed & Breakfast

Das Bed & Breakfast-Angebot gehört zu den für die Reisenden attraktivsten und teilweise auch preisgünstigsten Übernachtungsmöglichkeiten. Die häufig sehr familiäre Atmosphäre der Gastgeber und eine meist gute Küche sind nahezu sprichwörtliche Qualitäten dieser Unterkünfte.

In zahlreichen Orten bieten **Historic Bed & Breakfast Houses** Zimmer mit oftmals antikem Mobiliar an, sodass man sich in einer Villa viktorianischen Stils leicht in die gute alte Zeit zurückversetzen kann. Das Nächtigen und Frühstücken in historischem Ambiente ist in der Regel etwas teurer als das ›normale‹ Bed & Breakfast.

Das meist an der Einfahrt aufgestellte Schild ›Vacancies‹ weist auf freie Zimmer hin, während ›No vacancies‹ signalisiert, dass das Haus ausgebucht ist.

Camping

Die schönsten Naturerlebnisse erwarten den Besucher abseits der großen Städte. Deshalb bieten beispielsweise die **Nationalparks** reichlich Gelegenheit zum Camping. Ob bequem im Motorhome oder im Zelt, die Bandbreite für das Bett unter Bäumen ist groß. Doch sollten die Campgrounds der Nationalparks unbedingt frühzeitig reserviert werden.

Der **CAA** (kanadisches Pendant zum ADAC) gibt den Camping-Führer ›Eastern Canada Camp Book‹ für Ostkanada heraus, in dem auch die zahlreichen Plätze außerhalb der Nationalparks verzeichnet sind.

Hotels

Viele der großen internationalen **Hotelketten** (u. a. Holiday Inn, Hilton, Four Seasons, Mariott) sind in Kanada vertreten. Die **Kategorisierung** der Hotels entspricht etwa der europäischen. Von Häusern mit einfachem Standard bis zur Luxusklasse ist für jeden Geldbeutel etwas dabei.

Die **Preisangaben** der Hotels beziehen sich im Allgemeinen auf Doppelzimmer ohne Frühstück. Zusätzliche Übernachtungsgäste im Zimmer zahlen nur einen geringen Aufschlag, dafür gibt es kaum Nachlässe für Einzelpersonen. Für *Kinder*, die mit ihren Eltern in einem Zimmer untergebracht sind, werden in der Regel keine Kosten erhoben.

Motels

Eine preiswerte und bequeme Alternative für alle, die ›on the road‹ sind und unterwegs übernachten müssen, sind die zumeist außerhalb der Zentren an den größeren Straßen gelegenen Motels. Die Bauweise folgt der Idee, das Auto dabei problemlos direkt vor dem Zimmer parken zu können. Die Zimmerausstattung bietet meist nur den nötigsten Komfort.

Viele Motels gehören Ketten an, sodass der Gast ein gleichbleibendes Service-Niveau erwarten kann (bekannte Ketten u. a. Relax Inn, Holiday Inn, Ramada).

Verkehrsmittel im Land

Bahn

Die kanadischen Züge sind im Allgemeinen komfortabel und bieten einen guten Service. Wer Zeit mitbringt, sollte sich den **Coast-to-coast-trip** nicht entgehen lassen. Drei Tage dauert die Reise im *The Canadian* von Toronto nach Vancouver, Zwischenstopps nicht eingerechnet. Bei allen Zügen der kanadischen Eisenbahn *VIA Rail* (viarail.ca) besteht eine Reservierungspflicht.

Mit dem **Canrailpass**, der an 12 von 30 Tagen gültig ist, können Vielfahrer und Rucksacktouristen Kanada erkunden. Der **Corridorpass** gilt 10 Tage auf Verbindungen zwischen den Metropolen im Osten. Die Pässe müssen in Europa gekauft werden. Kinder, Jugendliche, Studenten sowie Senioren ab 60 Jahren erhalten Ermäßigungen. Auskunft:

Via Rail Canada/Canada Reise Dienst, Fleethof, Stadthausbrücke 1–3,

Ein wahres Eisenbahn-Erlebnis: mit der Algoma Central Railway durch Nordontario

20355 Hamburg, Tel. 040/300 61 70, Fax 040/30 06 16 55, www.crd.de

Bus

Überlandbusse, die die Städte miteinander verbinden, sind für Leute mit Zeit und knappem Budget eine preiswerte Alternative zum Mietwagen oder Flugzeug. Busterminals von Gesellschaften wie *Greyhound Canada* (www.greyhound.ca) oder *Acadian Lines* (www.smtbus.com) befinden sich in jeder größeren Stadt. Günstig sind **Bus-Pässe**, mit denen man auf dem Streckennetz einer Linie eine bestimmte Zahl von Fahrten machen kann.

Flugzeug

Fliegen ist aufgrund der riesigen Entfernungen in Nordamerika so normal wie Autofahren. Dementsprechend verbindet das Flugnetz selbst entlegene kleine Gemeinden mit den größeren Städten. *Air Canada* bedient mit den angegliederten Unternehmen, u.a. der Billigfluglinie *Tango,* die meisten Inlandstrecken. Wer aus dem Ausland nach Kanada reist, kann in Verbindung mit seinem Transatlantik-Ticket schon zu Hause **Flugcoupons** für kostengünstige Inlandflüge erwerben.

Auskunft: **Air Canada**, Hahnstr. 70, 60528 Frankfurt/Main, Tel. 069/27 11 51 11, Fax 069/27 11 51 12, www.aircanada.ca

Mietwagen

Der Mietwagen ist das von den meisten Reisenden in Kanada bevorzugte Verkehrsmittel, da viele kleinere Orte sowie die Nationalparks nur mit dem eigenen fahrbaren Untersatz zu erreichen sind. Zudem sind die **Benzinpreise** in Ostkanada erheblich niedriger als in Europa.

Wer bereits zu Hause einen Mietwagen oder ein Wohnmobil bucht, kann preisgünstige Komplettangebote nutzen. Für Mitglieder bietet die **ADAC Autovermietung GmbH** günstige Konditionen – Informationen und Buchungen über die ADAC-Geschäftsstellen oder unter Tel. 018 05/31 81 81 (0,12 €/Min.). Falls man erst im Land selbst ein Auto mieten möchte, benötigt man eine *Kreditkarte,* die die meisten Car Rental Companies für die **Kaution** verlangen. Grundsätzlich muss der Fahrer über 21 Jahre (mancherorts sogar 25 Jahre) alt sein, der **nationale Führerschein** genügt im Allgemeinen.

Ratsam ist es, sich vorab nach der **Rückführgebühr** (Drop off charge) zu erkundigen, die anfällt, wenn man den Wagen nicht an dem Ort abgibt, an dem man ihn erhalten hat.

Sprachführer

Englisch für die Reise

Das Wichtigste in Kürze

Ja/Nein	*Yes/No*
Bitte/Danke	*Please/Thank you*
In Ordnung./Einverstanden.	*All right./Agreed.*
Entschuldigung!	*Excuse me!*
Wie bitte?	*Pardon?*
Ich verstehe Sie nicht.	*I don't understand you*
Ich spreche nur wenig Englisch.	*I only speak a little English.*
Können Sie mir bitte helfen?	*Can you help me, please?*
Das gefällt mir/ Das gefällt mir nicht.	*I like that/ I don't like that.*
Ich möchte ...	*I would like ...*
Haben Sie ...?	*Do you have ...?*
Gibt es ...?	*Is there ...?*
Wie viel kostet das?/ Wie teuer ist ...?	*How much is that?*
Kann ich mit Kreditkarte bezahlen?	*Can I pay by credit card?*
Wie viel Uhr ist es?	*What time is it?*
Guten Morgen!	*Good morning!*
Guten Tag!	*Good morning!/ Good afternoon!*
Guten Abend!	*Good evening!*
Gute Nacht!	*Good night!*
Hallo! Grüß Dich!	*Hello!*
Wie ist Ihr Name, bitte?	*What's your name, please?*
Mein Name ist ...	*My name is ...*
Ich bin Deutsche(r).	*I am German.*
Ich bin aus Deutschland.	*I come form Germany.*
Wie geht es Ihnen?	*How are you?*
Auf Wiedersehen!	*Good bye!*
Tschüs!	*See you!*
gestern/heute/ morgen	*yesterday/today/ tomorrow*
am Vormittag/ am Nachmittag	*in the morning/ in the afternoon*
am Abend/ in der Nacht	*in the evening/ at night*
um 1 Uhr/ 2 Uhr ...	*at one o'clock/ at two o'clock ...*
um Viertel vor (nach) ...	*at a quarter to (past) ...*
um ... Uhr 30	*at ... thirty*
Minuten/Stunden	*minutes/hours*
Tage/Wochen	*days/weeks*
Monate/Jahre	*months/years*

Zahlen

0	*zero*	20	*twenty*
1	*one*	21	*twenty-one*
2	*two*	22	*twenty-two*
3	*three*	30	*thirty*
4	*four*	40	*forty*
5	*five*	50	*fifty*
6	*six*	60	*sixty*
7	*seven*	70	*seventy*
8	*eight*	80	*eighty*
9	*nine*	90	*ninety*
10	*ten*	100	*a (one) hundred*
11	*eleven*	200	*two hundred*
12	*twelve*	1 000	*a (one) thousand*
13	*thirteen*	2 000	*two thousand*
14	*fourteen*	10 000	*ten thousand*
15	*fifteen*	1 000 000	*a million*
16	*sixteen*	½	*a (one) half*
17	*seventeen*	¼	*a (one) quarter*
18	*eighteen*		
19	*nineteen*		

Wochentage

Montag	*Monday*
Dienstag	*Tuesday*
Mittwoch	*Wednesday*
Donnerstag	*Thursday*
Freitag	*Friday*
Samstag	*Saturday*
Sonntag	*Sunday*

Monate

Januar	*January*
Februar	*February*
März	*March*
April	*April*
Mai	*May*
Juni	*June*
Juli	*July*
August	*August*
September	*September*
Oktober	*October*
November	*November*
Dezember	*December*

Maße

Kilometer	*kilometre*
Meter	*metre*
Zentimeter	*centimetre*
Kilogramm	*kilogramme*
Pfund	*pound*
Gramm	*gramme*
Liter	*litre*

Unterwegs

Nord/Süd/West/ Ost	*north/south/west/ east*
geöffnet/ geschlossen	*open/ closed*
geradeaus/links/ rechts/zurück	*straight on/left/ right/back*
nah/weit	*near/far*
Wie weit ist es?	*How far is it?*
Wo sind die Toiletten?	*Where are the toilets?*
Wo ist die (der) nächste ...	*Where is the nearest ...*
Telefonzelle/	*pay phone/*
Bank/Post/	*bank/post office/*
Polizeistation/	*police station/*
Geldautomat?	*automatic teller?*
Wo ist ...	*Where is the ...*
der Hauptbahnhof/	*main train station/*
die U-Bahn/	*subway station/*
der Flughafen?	*airport, please?*
Wo finde ich ein(e, en)?	*Where can I find a ...*
Apotheke/	*pharmacy/*
Bäckerei/	*bakery/*
Fotoartikel/	*photo shop/*
Kaufhaus/	*department store/*
Lebensmittelgeschäft/	*food store/*
Markt?	*market?*
Ist das der Weg/ die Straße nach ...?	*Is this the way/ the road to ...?*
Gibt es einen anderen Weg?	*Is there another way?*
Ich möchte mit ... dem (der) Zug/Schiff/Fähre/ Flugzeug nach ... fahren.	*I would like to go to ... by ... train/ship/ferry/ airplane.*
Gilt dieser Preis für Hin- und Rückfahrt?	*Is this the round trip fare?*
Wie lange gilt das Ticket?	*How long will the ticket be valid?*
Wo ist ...	*Where is ...*
das Tourismusbüro/	*the tourist office/*
ein Reisebüro?	*a travel agency?*
Ich benötige eine Hotelunterkunft.	*I need hotel accommodation.*
Wo kann ich mein Gepäck lassen?	*Where can I leave my luggage?*
Ich habe meinen Koffer verloren.	*I lost my suitcase.*

Zoll, Polizei

Ich habe etwas/ nichts zu verzollen.	*I have something/ nothing to declare.*
Nur persönliche Dinge.	*Only personal belongings.*
Hier ist die Kaufbescheinigung.	*Here is the receipt.*
Hier ist mein(e) ...	*Here is my ...*
Geld/	*money/*
Pass/	*passport/*
Personalausweis/	*ID card/*
Kfz-Schein/	*certificate of registration/*
Versicherungskarte.	*car insurance card.*
Ich fahre nach ... und bleibe ... Tage/Wochen.	*I'm going to ... to stay there for ... days/weeks.*
Ich möchte eine Anzeige erstatten.	*I would like to report an incident.*
Man hat mein(e, en)...	*They stole my ...*
Geld/	*money/*
Tasche/	*bag/*
Papiere/	*papers/*
Schlüssel/	*keys/*
Fotoapparat/	*camera/*
Koffer/	*suitcase/*
Fahrrad gestohlen.	*bicycle.*
Verständigen Sie bitte das/die Deutsche Konsulat/Botschaft.	*Please contact the German consulate/embassy.*

Freizeit

Ich möchte ein ...	*I would like to rent a ...*
Fahrrad/	*bicycle/*
Motorrad/	*motorcycle/*
Surfbrett/	*surf board/*
Mountainbike/	*mountain bike/*
Boot/	*boat/*
Pferd ... mieten.	*horse.*
Gibt es ein(en)	*Is there a ...*
Freizeitpark/	*theme park/*
Freibad/	*outdoor swimming pool/*
Golfplatz/	*golf course/*
Strand ...	*beach ...*
in der Nähe?	*in the area?*
Wann hat ... geöffnet?	*What are the opening hours of ...?*

Bank, Post, Telefon

Ich möchte Geld wechseln.	*I would like to change money.*
Brauchen Sie meinen Ausweis?	*Do you need my passport?*
Wo soll ich unterschreiben?	*Where should I sign?*
Ich möchte eine Telefonverbindung nach ...	*I would like to have a telephone connection with ...*
Wie lautet die Vorwahl für ...?	*What is the area code for ...?*
Wo gibt es ...	*Where can I get ...*
Telefonkarten/	*phone cards/*
Briefmarken?	*stamps?*

Tankstelle

Wo ist die nächste Tankstelle?	*Where is the nearest petrol station?*
Ich möchte ...	*I would like ...*
Gallonen ...	*gallions of*
Super/Diesel / bleifrei.	*premium/diesel/ unleaded.*
Volltanken, bitte.	*Fill it up, please.*
Bitte, prüfen Sie ...	*Please check the ...*
den Reifendruck/	*tire pressure/*
den Ölstand/	*oil level/*
den Wasserstand/	*water level/*
das Wasser für die Scheibenwisch-anlage/	*water in the wind-screen wiper system/*
die Batterie.	*battery.*
Würden Sie bitte ...	*Would you please ...*
den Ölwechsel/	*change the oil/*
den Radwechsel vornehmen/	*change the tires/*
die Sicherung austauschen/	*change the fuse/*
die Zündkerzen erneuern/	*replace the spark plugs/*
die Zündung nachstellen?	*adjust the ignition?*

Panne

Ich habe eine Panne.	*My car's broken down.*
Der Motor startet nicht.	*The engine won't start.*
Ich habe die Schlüssel im Wagen gelassen.	*I left the keys in the car.*
Ich habe kein Benzin/ Diesel.	*I've run out of gas/ diesel.*
Gibt es hier in der Nähe eine Werkstatt?	*Is there a garage nearby?*
Können Sie mein Auto abschleppen?	*Could you tow my car?*
Können Sie mir einen Abschleppwagen schicken?	*Could you send a tow truck?*
Können Sie den Wagen reparieren?	*Could you repair my car?*
Bis wann?	*By when?*

Mietwagen

Ich möchte ein Auto mieten.	*I would like to rent a car.*
Was kostet die Miete ...	*How much is the rent ...*
pro Tag/	*per day/*
pro Woche/	*per week/*
mit unbegrenzter km-Zahl/	*including unlimited kilometres/*
mit Kasko-versicherung/	*including compre-hensive insurance/*
mit Kaution?	*with deposit?*
Wo kann ich den Wagen zurückgeben?	*Where can I return the car?*

Unfall

Hilfe!	*Help!*
Achtung!/Vorsicht!	*Attention!/Caution!*
Rufen Sie bitte schnell ...	*This is an emergency, please call ...*
einen Krankenwagen/	*an ambulance/*
die Polizei/	*the police/*
die Feuerwehr.	*the fire department.*
Es war (nicht) meine Schuld.	*It was (not) my fault.*
Geben Sie mir bitte Ihren Namen und Ihre Adresse.	*Please give me your name and address.*
Ich brauche die Angaben zu Ihrer Autoversicherung.	*I need the details of your car insurance.*

Krankheit

Können Sie mir einen guten Deutsch sprechenden Arzt/ Zahnarzt empfehlen?	*Can you recommend a good German-speaking doctor/ dentist?*
Wann hat er Sprech-stunde?	*What are his office hours?*
Wo ist die nächste Apotheke?	*Where is the nearest pharmacy?*
Ich brauche ein Mittel gegen ...	*I need medication for ...*
Durchfall/	*diarrhea/*
Halsschmerzen/	*a sore throat/*
Fieber/	*fever/*
Insektenstiche/	*insect bites/*
Verstopfung/	*constipation/*
Zahnschmerzen.	*toothache.*

Hotel

Können Sie mir bitte ein Hotel/eine Pension empfehlen?	*Could you please recommend a hotel/ Bed & Breakfast?*
Ich habe bei Ihnen ein Zimmer reserviert.	*I booked a room with you.*
Haben Sie ein ...	*Have you got a ...*
Einzel-/Doppel-zimmer ...	*single/double room ...*
mit Dusche/ Bad/WC?	*with shower/ bath/bathroom?*
für eine Nacht/	*for a night/*
für eine Woche?	*for a week?*
Was kostet das Zimmer	*How much is the room*
mit Frühstück/	*with breakfast/*
mit zwei Mahlzeiten?	*with two meals?*

Wie lange gibt es Frühstück?	*How long will breakfast be served?*
Ich möchte um ... geweckt werden.	*Please wake me up at ...*
Wie ist hier die Stromspannung?	*What is the power voltage here?*
Ich reise heute abend/ morgen früh ab.	*I will depart tonight/ tomorrow morning.*
Haben Sie ein Faxgerät/ einen Internetzugang/ einen Hotelsafe?	*Have you got a fax machine/ internet access/ a hotel safe?*
Akzeptieren Sie Kreditkarten?	*Do you accept credit cards?*

Restaurant

Wo gibt es ein gutes/ günstiges Restaurant?	*Where is a good/ inexpensive restaurant?*
Die Speisekarte/ Getränkekarte, bitte.	*The menu/ the wine list, please.*
Ich möchte das Tagesgericht/Menü (zu…)	*I like the dish of the day (at ...).*
Welches Gericht können Sie besonders empfehlen?	*Which of the dishes can you recommend?*
Ich möchte nur eine Kleinigkeit essen.	*I only want a snack.*
Gibt es vegetarische Gerichte?	*Are there vegetarian dishes?*
Haben Sie offenen Wein?	*Do you serve wine by the glass?*
Welche alkoholfreien Getränke haben Sie?	*What kind of soft drinks do you have?*
Haben Sie Mineralwasser mit/ ohne Kohlensäure?	*Do you have sparkling water/ noncarbonated water?*
Das Steak bitte ... englisch/medium/ durchgebraten.	*The steak ... rare/medium/ well-done, please.*
Kann ich bitte ... ein Messer/ eine Gabel/ einen Löffel haben?	*May I have ... a knife/ a fork/ a spoon, please?*
Darf man rauchen?	*Is smoking allowed?*
Rechnung/Bezahlen, bitte.	*The bill, please.*

Essen und Trinken

Abendessen	*dinner*
Ananas	*pineapple*
Apfelkuchen	*apple pie*
Bier	*beer*
Birnen	*pears*
Bratkartoffeln	*fried potatoes*
Brot/Brötchen	*bread/rolls*
Butter	*butter*
Ei	*egg*
Eier mit Speck	*bacon and eggs*
Eiscreme	*ice-cream*
Erbsen	*peas*
Erdbeeren	*strawberries*
Essig	*vinegar*
Fisch	*fish*
Fleisch	*meat*
Fleischsoße	*gravy*
Frühstück	*breakfast*
Gebäck	*pastries*
Geflügel	*poultry*
Gemüse	*vegetable*
Gurke	*cucumber*
Hähnchen	*chicken*
Hammelfleisch	*mutton*
Honig	*honey*
Hummer	*lobster*
Kaffee	*coffee*
Kalbfleisch	*veal*
Kartoffeln	*potatoes*
Kartoffelbrei	*mashed potatoes*
Käse	*cheese*
Kohl	*cabbage*
Kuchen	*cake*
Lachs	*salmon*
Lamm	*lamb*
Leber	*liver*
Maiskolben	*corn-on-the-cob*
Marmelade	*jam*
Mittagessen	*lunch*
Meeresfrüchte	*seafood*
Milch	*milk*
Mineralwasser	*mineral water*
Nieren	*kidneys*
Obst	*fruit*
Öl	*oil*
Pfannkuchen	*pancakes*
Pfeffer	*pepper*
Pfirsiche	*peaches*
Pilze	*mushrooms*
Pommes frites	*french fries*
Reis	*rice*
Reh/Hirsch	*venison*
Rindfleisch	*beef*
Rühreier	*scrambled eggs*
Sahne	*cream*
Salat	*salad*
Salz	*salt*
Schinken	*ham*
Schlagsahne	*whipped cream*
Schweinefleisch	*pork*
Sekt	*sparkling wine*
Suppe	*soup*
Thunfisch	*tuna*
Truthahn	*turkey*
Vanillesoße	*custard*
Vorspeisen	*hors d'œuvres*
Wein (Weiß/Rot/Rosé)	*wine (white/red/rosé)*
Würstchen	*sausages*
Zucker	*sugar*
Zwiebeln	*onions*

Register

Bildnachweis

Umschlag-Vorderseite: Im Labyrinth der Thousand Islands – mehr als 1000 Eilande im St.-Lorenz-Strom bei Kingston. *Foto: Ernst Wrba, Sulzbach am Taunus*

Titelseite
Oben: Einsamer See im Algonquin Provincial Park (Wh. von S. 49)
Mitte: Aufregende Skyline von Toronto (Wh. von S. 18)
Unten: Küste von Prince Edward Islands (Wh. von S. 93)

Bildagentur Huber, Garmisch-Partenkirchen: 18/19, 24 (F. Damm), 61, 110 (Hackett) – *Look, München:* 8 unten, 8/9, 10 Mitte, 10 unten, 23 unten, 26 unten (Karl-Heinz Raach), 62, 63, 69 (Aldo Acquadro), 72, 84 oben (Raach), 88, 89 oben (Christian Heeb), 91 oben, 93 (2), 100 unten, 101, 102, 105 unten, 111 oben, 117 unten, 119, 121 unten rechts, 123 (Raach), 128 (Acquadro), 131 oben (Raach) – *Peter Mertz, Innsbruck:* 9 unten, 11 (2), 16/17, 25 unten, 49 Mitte (2), 49 unten, 67 unten, 69 oben, 76, 79 oben, 82, 92, 94, 102/103, 107 unten, 109, 112 unten, 114, 115 (2), 124 unten – *Brian Ricks, St. John's, Kanada:* 112 oben, 117 oben, 121 oben, 121 unten links, 122 – *Hubert Stadler, Fürstenfeldbruck:* 6 links, 7 oben, 32 oben, 60 oben – *Süddeutscher Verlag/Bilderdienst, München:* 12, 13, 14 (2), 15, 116 – *Tourism Nova Scotia, Düsseldorf:* 10 oben, 111 unten – *Hanna Wagner, München:* 37, 60 unten, 65 oben, 77, 79 unten, 83, 84 unten, 85 (2), 86 (2), 87, 89 unten, 91 unten, 97 (2), 98 (2), 99 (2), 100 oben, 103, 104, 105 oben, 106, 107 oben, 108, 118, 120, 127, 131 unten – *Thomas Peter Widmann, Regensburg:* 6/7, 8 oben, 21, 22, 23 oben, 25 oben, 26 unten, 27, 28, 29, 30/31, 31, 32 unten (2), 33, 34, 35 oben, 36, 39, 40, 41, 44, 46, 47 oben, 48, 49 oben, 50, 51, 52 oben, 53, 54 (2), 56 (2), 57, 59, 64, 65 unten, 66, 67 oben, 68 oben, 71, 74, 75 (2), 78, 80 unten, 80/81, 81 unten, 122 Mitte, 124 Mitte, 129, 130, 133 – *Ernst Wrba, Sulzbach am Taunus:* 35 unten, 38, 42 (2), 43, 45, 47 unten, 52 unten, 124 oben, 135

Leserforum

Die Meinung unserer Leserinnen und Leser ist wichtig, daher freuen wir uns von Ihnen zu hören. Wenn Ihnen dieser Reiseführer gefallen hat, wenn Sie wichtige Hinweise zu den Inhalten haben – Ergänzungs- und Verbesserungsvorschläge, Tipps und Korrekturen – dann schreiben Sie uns:

Redaktion ADAC Reiseführer
ADAC Verlag GmbH
81365 München
verlag@adac.de

Impressum

Lektorat und Bildredaktion: Astrid Rohmfeld
Aktualisierung: Renate Nöldeke, München
Karten: Computerkartographie Carrle, München
Herstellung: Martina Baur
Printed in Germany

Ansprechpartner für den Anzeigenverkauf:
Kommunalverlag GmbH & Co KG,
MediaCenterMünchen, Tel. 089/92 80 96-44

ISBN 10: 3-87003-804-7
ISBN 13: 978-3-87003-804-5

Gedruckt auf chlorfrei gebleichtem Papier

Neu bearbeitete Auflage 2006

Ägypten
Algarve
Allgäu
Amsterdam
Andalusien
Australien
Bali und Lombok
Barcelona*
Berlin*
Bodensee
Brandenburg
Brasilien
Bretagne
Budapest
Bulgarische Schwarzmeerküste
Burgund
Costa Brava und Costa Daurada
Côte d'Azur
Dalmatien
Dänemark*
Deutschland, City Guide
Dominikanische Republik
Dresden*
Dubai, Vereinigte Arabische Emirate, Oman
Elsass
Emilia Romagna
Florenz
Florida
Französische Atlantikküste
Fuerteventura
Gardasee*
Germany, City Guide (engl.)
Golf von Neapel
Gran Canaria
Hamburg*
Hongkong und Macau
Ibiza und Formentera
Irland
Israel
Istrien und Kvarner Golf*
Italienische Adria
Italienische Riviera
Jamaika
Kalifornien
Kanada – Der Osten
Kanada – Der Westen
Karibik
Kenia
Korfu und Ionische Inseln
Kreta*
Kuba
Kykladen
Lanzarote
Leipzig
London*
Madeira
Mallorca*
Malta
Marokko
Mauritius und Rodrigues
Mecklenburg-Vorpommern*
Mexiko
München*
Neuengland
Neuseeland
New York*
Niederlande
Norwegen
Oberbayern*
Österreich*
Paris*
Peloponnes
Piemont, Lombardei, Valle d'Aosta
Polen*
Portugal
Prag*
Provence
Rhodos
Rom*
Rügen, Hiddensee, Stralsund
Salzburg
Sardinien
Schleswig-Holstein*
Schottland
Schwarzwald*
Schweden*
Schweiz*
Sizilien
Spanien
St. Petersburg
Südafrika
Südengland
Südtirol*
Sylt
Teneriffa*
Tessin
Thailand
Toskana
Tunesien
Türkei-Südküste
Türkei-Westküste
Umbrien
Ungarn
USA-Südstaaten
USA-Südwest
Usedom*
Venedig*
Venetien und Friaul
Wien*
Zypern

* auch als ADAC Reiseführer Plus mit CityPlan bzw. UrlaubsKarte